Mosaik

DR. MIRIAM STOPPARD

Kann Papa Kinder kriegen?

Die wichtigsten Kinderfragen und wie Eltern liebevoll darauf eingehen können

MOSAIK VERLAG

Für Ol, Barney, Will, Ed, Oona, Slater und Tiberio

Ein Dorling Kindersley Buch
Originaltitel »Questions Children Ask & How to Answer Them«

Illustrationen: Caroline Ewen
Fotografie: Steve Gorton

Der Mosaik Verlag ist ein Unternehmen der Verlagsgruppe Bertelsmann

Übersetzung aus dem Englischen: Christel Rost, Margot Spitaler und Till R. Lohmeyer
Redaktion: Monika König
Umschlaggestaltung: Martina Eisele
Umschlagfoto: Image Bank / Britt Erlanson
Satz: Filmsatz Schröter GmbH, München
Druck und Bindung: New Interlitho S.p.A., Mailand
Printed in Italy
ISBN 3-576-11075-5

INHALT

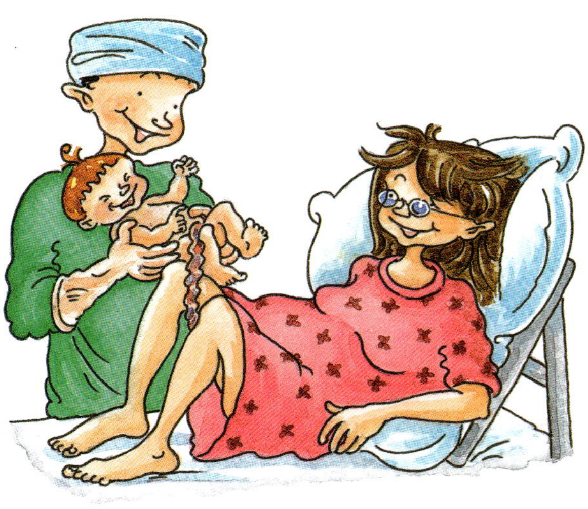

Wie kommt das Baby raus?

Fragen über das Ungewisse 38

Fragen über Beziehungen 50

Fragen über Unterschiede 66

Fragen zur Gesundheit 74

Einführung

Daß ich dieses Buch schrieb, hat vielerlei Gründe, doch der wichtigste davon ist meine Überzeugung, daß man Kindern immer die Wahrheit sagen soll. Wenn Kinder heikle Fragen stellen, geraten Eltern oft in eine Zwickmühle: Einerseits wollen sie die Wahrheit sagen, andererseits haben sie das Gefühl, ihre Kinder können noch gar nicht alles verstehen. Natürlich stimmt beides. Doch statt sich nun vor der Antwort zu drücken oder eine Art zensierter Erklärung zu liefern, gibt es auch noch eine dritte Möglichkeit: Ihren Kindern gerade soviel zu erzählen, wie sie verstehen können. Kinder sind von Natur aus neugierig. Sobald sie anfangen, Fragen zu stellen – also im Alter von etwa zwei Jahren –, bombardieren sie die Eltern unentwegt mit »Warum?«, »Was ist, wenn?«, »Wo?« und »Wie?«. Eine Frage wie etwa »Warum können Autos fahren?« ist noch relativ einfach zu beantworten. Ganz anders sieht es aus, wenn die Frage lautet: »Wo komme ich her?« Die Wahrheit zu sagen, heißt, mit den schlichten Fakten zu beginnen und mit zunehmendem Alter Ihrer Kinder immer mehr komplizierte Einzelheiten einzuflechten. So begreift zum Beispiel kaum ein Kind unter acht Jahren, was es wirklich mit dem Geschlechtsverkehr auf sich hat; die meisten sind sehr viel älter, bevor sie das im Detail erfassen können, und nur sehr wenige sind jünger. Komplizierte Erklärungen zu geben, wo es doch ganz einfache auch täten, wird Ihr Kind nur belasten und verwirren. Ist es jedoch geistig und emotional bereit für detaillierte Informationen, so sollte es Ihnen niemals peinlich sein, ihm auch alle Fragen zu beantworten. Kinder sind schlicht und ergreifend neugierig und wollen alles, was ihnen rätselhaft oder verwirrend erscheint, erklärt haben. Stellen sie erst einmal gezielte oder detaillierte Fragen, sollten die Eltern ihre Zurückhaltung aufgeben. Worauf es ankommt, ist, den jeweils richtigen Zeitpunkt zu erkennen.

Wichtig: gegenseitiges Vertrauen

Viele Eltern sind der Meinung, bei der Aufklärung über die Entstehung des Lebens müsse Papa die Fragen der Söhne und Mama die Fragen der Töchter beantworten. Es erscheint ihnen als der natürliche Lauf der Dinge. Nur wirkt ein solches Verfahren wenig überzeugend, wenn der eine alles ganz locker nimmt und erzählt, die andere aber den Mund nicht aufbringt. Versetzen Sie sich einfach in die Lage Ihres Kindes, und Sie werden sehen: Das Beste ist, egal ob Mutter oder Vater, wenn jener Elternteil die Kinderfragen beantwortet, der am besten damit umgehen kann. Eine der wichtigsten Aufgaben, die Eltern zu erfüllen haben, besteht meines Erachtens darin, den Gesprächsfaden zu ihren Sprößlingen vom Kleinkindalter bis in die Pubertät nie abreißen zu

lassen – und die Verantwortung dafür liegt bei Ihnen, nicht bei den Kindern. An wen sonst sollen sich Ihre Kinder denn wenden, wenn sie Erklärungen, Hilfe oder Rat brauchen? Traurig genug, daß es noch immer Eltern gibt, die schockiert reagieren, wenn ihre Kinder im Teenager-Alter anfangen, sich in sich selbst zurückzuziehen und womöglich sehr abweisend reagieren. Stimmungsschwankungen sind in diesem Alter natürlich unvermeidlich – aber Kinder, die von Anfang an auf ihre Fragen keine oder nur ausweichende Antworten bekommen haben, neigen, wenn eines Tages die wirklich schwierigen Fragen des Lebens auftauchen, dazu, sich von ihren Eltern abzuschotten.

Ermutigung zum offenen Gespräch

Eltern, die sich drücken oder ausweichen, wenn Fragen nach Sex, Religion, Rasse oder Drogen auftauchen, machen es ihren Kindern nicht nur schwer, weiterhin solche Themen anzusprechen; sie erziehen ihre Kinder unbewußt sogar zur Heimlichtuerei. Eltern hingegen, die offen und frei auf kritische Fragen eingehen, stärken das Selbstgefühl, die Ausgewogenheit und die Fairneß ihrer Kinder; sie geben ihnen die Möglichkeit, sich eigene Gedanken zu machen, im Zweifelsfall verschiedene Möglichkeiten abzuwägen, verantwortungsvolle Entscheidungen zu treffen und entsprechend zu handeln. Das offene und ehrliche Gespräch zwischen Eltern und Kindern muß schon früh beginnen – möglichst gleich bei der ersten Frage – und sollte, solange die Kinder im Elternhaus leben, fortgesetzt werden. Dies ist auch das Anliegen meines Buchs: Beantworten Sie die Fragen Ihrer Kinder, sobald sie Ihnen gestellt werden, also schon sehr früh. Sie, die Eltern, sind die ersten Erzieher Ihrer Kinder, und alles Lernen und Erfahren – einschließlich der sexuellen Aufklärung – beginnt im Elternhaus. Viele Eltern fragen sich, ob Aufklärung, vor allem in bezug auf Sex und Drogen, ihren Kindern schaden kann, und halten sich zurück, weil sie Angst haben, sachliche Auskünfte könnten die Kinder zu Experimenten ermutigen. Diese Furcht entbehrt jeder Grundlage, sind es doch gerade die unaufgeklärten Kinder, die sich in ihrem Wissensdrang zu mitunter gefährlichen Experimenten hinreißen lassen. Ganz im Gegensatz zur landläufigen Meinung sind aufgeklärte Kinder nicht sexuell überspannt und auf möglichst frühe Erfahrungen versessen, sondern halten Sex und Liebe für eine ganz normale Perspektive, die einfach zum Leben dazugehört. Zahlreiche Untersuchungen bestätigen, daß vernünftige Sexualaufklärung keineswegs zu unverantwortlichem Verhalten anregt, sondern genau das Gegenteil bewirkt. Eltern, die ihren Kindern eine normale Aufklärung vorenthalten, nehmen ihnen die Chance zu verantwortlichem Handeln. Dies gilt im übrigen nicht nur für die sexuelle Aufklärung, sondern auch für gesellschaftliche Problemfelder wie Drogen, Alkohol, Zigaretten sowie ethnische, rassische und religiöse Vorurteile.

Altersgemäße Antworten für Ihr Kind

Wir alle wissen, daß es nicht immer leicht ist, ehrliche und aufrichtige Antworten zu geben. Es gibt Momente, in denen es schwerfällt, die richtigen Worte zu finden, und einem einfach keine richtigen Erklärungen einfallen wollen. Hierin sehe ich den Wert dieses Buches: nicht als Antwortenkatalog zum Auswendiglernen, sondern als Grundlage, auf der Sie, passend zum Alter Ihres Kindes, Ihre jeweils eigenen Antworten formulieren können. Ich habe daher Altersstufen geschaffen: von 2–4, 4–6, 6–8 und von 8–11 Jahren. Selbstverständlich ist keine dieser Einteilungen bindend, denn jedes Kind entwickelt sich individuell und lernt auf seine eigene Art und Weise. Betrachten Sie diese Altersstufen also nur als Leitlinie. Ein überdurchschnittlich aufgewecktes Mädchen von dreieinhalb könnte also durchaus schon die in der Altersstufe für Vier- bis Sechsjährige vorgesehenen Antworten verkraften, während ein relativ unreifer Junge von neun Jahren vielleicht mehr mit den Antworten für Sechs- bis Achtjährige anfangen kann. Außerdem habe ich meine Antworten so formuliert, daß sie sowohl für Mädchen als auch für Jungen verständlich sind. Um dies hervorzuheben, habe ich in der Rubrik »Was steckt hinter dieser Frage?« abwechselnd Jungen und Mädchen angesprochen, wenn es nicht um eindeutig geschlechtsspezifische Fragestellungen geht.

Die Antworten unter den jeweiligen Hauptüberschriften wie »Wo komme ich her?« (s. S. 12) sind, wie Sie sehen werden, so aufgebaut, daß sie von Altersstufe zu Altersstufe detaillierter und komplizierter werden. Stellt Ihnen ein älteres Kind zum erstenmal eine entsprechende Frage, so können Sie ihm sämtliche Informationen geben – von den einfachsten bis hinauf zu jenen für seine eigene Altersstufe. Sie können diejenigen Antworten auswählen, die Ihrer Meinung nach der geistigen Entwicklung, dem Alter und der Reife Ihres Kindes am besten entsprechen.

Vorbereitung

Ich rate allen Eltern, sich vor der Beantwortung einer bestimmten Frage mit der Rubrik »Was steckt hinter dieser Frage?« und den Querverweisen zu dem Thema vertraut zu machen. Sie müssen diese keineswegs alle an Ihr Kind weitergeben, doch wird Ihre Antwort selbstbewußter ausfallen, wenn Sie den möglichen Beweggrund hinter den Fragen Ihres Kindes erkennen und verstehen. Das trifft insbesondere dort zu, wo es um den Schutz Ihres Kindes geht und Sie hinter den Fragen des Kindes mögliche Gefahrensignale erkennen sollten. Gleichermaßen kann es Ihnen dazu dienen, provokante Fragen Ihrer Kinder zu entschärfen, etwa, wenn sie auf dem Spielplatz irgendwelche Halbwahrheiten aufgelesen haben. Es ist sogar möglich, daß Sie durch die Lektüre in einigen Punkten selbst ein klareres Bild des Sachverhalts gewinnen und damit die Kinderfrage leichter beantworten können. Selbstverständlich können Sie dieses Buch auch gemeinsam mit Ihrem Kind durchblättern und lesen. Es ist reichlich ausgestattet mit Cartoons, Diagrammen und Illustrationen, so daß Sie

es zur Hand nehmen können wie eine Gutenacht-Geschichte oder ein Kapitel im Schulbuch. Es kann also sowohl von den Eltern allein als auch von Kindern und Eltern gemeinsam gelesen werden und wird Ihnen und Ihrer Familie, wie ich hoffe, dabei helfen, auf sicherem Kurs durch die heikelsten Fahrwasser zu steuern. Kein Kind braucht alle meine Antworten – treffen Sie vielmehr Ihre persönliche Auswahl. Lassen Sie weg, was Ihnen überflüssig erscheint, erfinden Sie eigene Antworten hinzu. Bauen Sie Beispiele aus der eigenen Familiengeschichte ein. Angenommen, Sie wollen einem noch relativ kleinen Kind eine bestimmte Zeitdauer erklären: Erläutern Sie sie ihm an Hand von Geburtstagen oder Ferien. Erzählen Sie auch unerschrocken von Ihren eigenen Gefühlen und Erfahrungen im gleichen Alter. Sie machen es Ihren Kindern dadurch leichter, Sie unbefangen anzusprechen, und unterstreichen Ihre Verständnisbereitschaft.

Eine Investition in die Zukunft

Versuchen Sie, in jeder Antwort auf eine Frage Ihres Kindes die Chance zu sehen, ihm etwas beizubringen. Ich meine damit keine förmliche Belehrung, sondern etwas, das alle Eltern ihrem Kind schon lange vor der Einschulung mitgeben können: die Grundbegriffe des freundlichen Umgangs mit den Mitmenschen, der Toleranz, Gerechtigkeit und Großzügigkeit. Wir können unsere Kinder schon sehr früh an bestimmte gesellschaftliche Normen heranführen – an Tischmanieren, an das Wissen um ihre Sexualität, an moralische Werte und vieles andere mehr. Kinder haben schon lange, bevor sie das fünfte Lebensjahr erreichen, eine klare Vorstellung von diesen Werten (oder deren jeweiligem Gegenteil). Daraus folgt, daß Sie, die Eltern, die wichtigsten Lehrer und Freunde Ihrer Kinder sind – und es auch bleiben werden, sofern Sie von Anfang an den richtigen Weg eingeschlagen haben. Dieser Rolle und diesen Verantwortlichkeiten können Sie sich nicht entziehen. Und selbstverständlich lohnt sich die Mühe, erwerben Sie sich damit doch das Vertrauen, die Achtung und die Liebe Ihrer Kinder. Ich wüßte nicht, auf welche Weise wir uns sonst diese kostbaren Geschenke verdienen könnten. Seien Sie jedesmal, wenn Sie Ihrem Kind in die Augen sehen, aufrichtig zu ihm und geben Sie ihm eine ehrliche Antwort: Sie schaffen so eine Vertrauensbindung, die ein Leben lang Bestand haben kann.

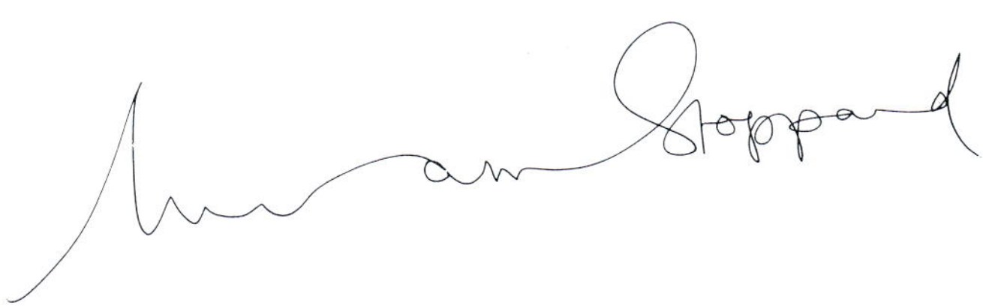

FRAGEN ÜBER SEX

Was heißt Pubertät?

Wie kommt das Baby da rein?

Können Männer Kinder kriegen?

Wieso habe ich einen Penis?

Was heißt Periode?

Wie werden Kinder gemacht?

Woran erkennt man Schwule und Lesben?

UND GEBURT

Alle Kinder sind neugierig und wollen wissen, wo sie herkommen. Vom frühesten Alter an werden sie sich zusehends ihres eigenen Körpers bewußt und stellen schon bald fest, daß es zwei verschiedene Geschlechter gibt. Je älter sie werden, desto schwieriger wird es, sie von sexuellen Themen und Darstellungen in den Medien abzuschirmen – mit dem Ergebnis, daß sie unvermeidlich Fragen darüber stellen. Es ist denkbar, daß Sie sich, wie viele andere Eltern auch, vor diesen Fragen fürchten. Versuchen Sie aber nicht, das Thema zu unterdrücken, nur, weil es Ihnen peinlich ist. Bei Ihren Eltern mag es ja ein Tabu gewesen sein – aber Ihre eigenen Kinder sind nicht so erzogen wie Sie damals. Kleinkinder haben ein völlig unschuldiges Interesse am Thema Sex, das ihrer ureigenen Neugier und ihrem natürlichen Wissensdurst entspringt. Die ehrliche und verständnisvolle Beantwortung ihrer Fragen ist ein Zeichen der Liebe und des Respekts vor der Persönlichkeit Ihrer Kinder. Die Antworten in diesem Buch helfen Ihnen dabei und geben Ihnen die Möglichkeit, Alter und Reife Ihres Kindes angemessen zu berücksichtigen. Vergessen Sie jedoch nie, daß nur sehr wenige Kinder unter acht Jahren die »technischen« Einzelheiten des Geschlechtsverkehrs verstehen können. Versuchen Sie stets, Werte wie Liebe, Achtung und Gefühle in das Gespräch einfließen zu lassen. Verbunden mit Offenheit und Aufrichtigkeit wird dies dazu beitragen, daß Ihr Kind später mit Selbstbeherrschung und Urteilsvermögen das eigene Sexualverhalten begreifen lernt.

Was ist eine Gebärmutter?

Warum bin ich geboren?

F Wo komme ich her?

- *Wie werden Kinder gemacht?* • *Warum bin ich geboren?*
- *Hat mich der Storch gebracht?* • *Was heißt schwanger?*
- *Wie kommt das Baby da rein?*

Diese Frage ist meistens die erste, die ein Kleinkind über das Leben stellt. Fragt ein älteres Kind danach, so ist das ein Zeichen dafür, daß es sich allmählich selbst als individuelle Persönlichkeit zu begreifen beginnt. Ist es jedoch sechs Jahre und älter, weiß es meist schon besser Bescheid und fragt direkt »Was ist Sex?«

Was steckt hinter dieser Frage?

Die Welt des Kleinkinds dreht sich weitgehend um sich selbst, daher gibt es sich mit einer einfachen Antwort zufrieden. Fragen ergeben sich auch, wenn Sie ein weiteres Kind erwarten. In dieser Zeit müssen Sie mit vielen Fragen zu Sexualität, Fortpflanzung und dem Verlauf der Schwangerschaft rechnen.

Stellt Ihnen ein älteres Kind diese Fragen, obwohl Sie nicht schwanger sind, so hat es vielleicht in der Schule, im Fernsehen oder in der Zeitung etwas über Babys gesehen oder gehört. Kinder über sechs sind an diesen grundlegenden Fragen sehr interessiert.

Richtlinien für Ihre Antworten

Scheuen Sie sich nicht, Ihrem Kind die Wahrheit zu sagen. Sie müssen dabei keine Peinlichkeiten befürchten.

Glauben Sie nicht, Sie müßten einem Kleinkind jede Einzelheit erklären: Das ist weder nötig noch gut für Ihr Kind. Es kann sogar sein, daß es sich vor Dingen, die es nicht begreift, fürchtet. Die »Mechanik des Sex« verstehen die meisten Kinder erst, wenn sie schon über acht Jahre alt sind.

Um sicherzustellen, daß Sie die Frage Ihres Kindes richtig verstanden haben, fragen Sie am besten zurück: »Willst du wissen, wie du unser Baby geworden bist?«

Machen Sie es nicht zu kompliziert, sonst kann es Ihnen passieren, daß Ihr Sechsjähriger Sie bei einer umständlichen Erklärung unterbricht und sagt: »Nein, das stimmt nicht. Hans hat gesagt, er kommt aus Hamburg. Wo komme ich her?«

Was Sie ausserdem wissen sollten

Mit zunehmendem Alter braucht Ihr Kind genauere Antworten. Benutzen Sie Worte, die Ihr Kind versteht, so daß Sie sich zusätzliche Erklärungen ersparen können.

Denken Sie daran: Kinder nehmen alles sehr wörtlich. Wenn Sie vom »Einpflanzen eines Samens« sprechen, müssen Sie mit der Gegenfrage rechnen, wann die Pflanze gegossen werden muß und wie ihre Blüte aussehen wird. Kleinkinder geben sich gewöhnlich mit einfachen Erklärungen zufrieden. Fünf- bis Sechsjährige reagieren oftmals mit einem »Igitt!« auf die erste Konfrontation mit sexuellen Fragen. Damit geben sie uns auf gesunde Weise zu verstehen, daß die Einzelheiten sie überfordern. In diesem Fall wechseln Sie am besten das Thema und versuchen es ein andermal erneut.

Fragen, Fragen, Fragen ...

- ***Werden alle Kinder so gemacht?***
- ***Wie sieht Mamas Ei / Papas Samen aus?***
- ***Machen Papas Jungen und Mamas Mädchen?***
- ***Können Männer Kinder kriegen?***

Siehe auch *Was ist Sex? S. 18* • *Was ist eine Scheide? S. 20* • *Was ist ein Penis? S. 22*

2–4 JAHRE

Du bist in Mamas Bauch entstanden und sicher und behütet darin gewachsen, bis du fertig warst und geboren wurdest.

4–6 JAHRE

Nein, der Storch hat dich nicht gebracht, das ist bloß ein Märchen. Du bist wie alle Kinder aus einem Samen von Papa und einem Ei von Mama entstanden. Die sind in Mamas Bauch zusammengekommen, und daraus wurdest dann du. Du bist also etwas ganz Besonderes – eine hübsche Mischung aus Papa und Mama.

6–8 JAHRE

Papas Samen wird Spermium genannt und entsteht in seinen Hoden in dem Hautsack hinter dem Penis. Dort werden ununterbrochen Millionen winziger Spermien gebildet, gemischt mit einer weißen Samenflüssigkeit. Mamas Eier wachsen in ihrem Bauch in zwei Röhren, die man Eierstöcke nennt. Sie lassen jeden Monat ein Ei wachsen. Als Mama und Papa dich gezeugt haben, sind die Samen aus Papas Penis mit der Samenflüssigkeit in Mamas Bauch geschwommen. Einer von diesen vielen Samen hat sich mit Mamas Ei zusammengetan – und daraus bist du dann entstanden.

8–11 JAHRE

Du bist deshalb auf der Welt, weil Papa und Mama einander liebhaben und sich ein Baby gewünscht haben. Damit sie ein Baby bekommen konnten, hat Papa beim Geschlechtsverkehr seinen Penis in Mamas Scheide gesteckt. Dabei ist die Samenflüssigkeit mit Millionen von Samen oder Spermien durch die Scheide in die Gebärmutter in Mamas Bauch geflossen – etwa zwanzig Millionen Samen in einem Milliliter Flüssigkeit. Spermien haben lange Schwänze, mit denen sie sehr schnell schwimmen können. Damit das Baby auch stark und gesund wird, gelingt es nur einem einzigen – dem schnellsten – Spermium, mit dem Ei zu verschmelzen. Das ist der Anfang eines neuen Babys, und so bist auch du entstanden. Die Zeit, in der das Baby im Mutterleib wächst, nennt man Schwangerschaft. Sie dauert etwa neun Monate (40 Wochen), bis das Baby groß genug ist, um geboren zu werden. Ob es dann ein Mädchen oder ein Junge wird, hängt davon ab, welches Spermium mit dem Ei verschmilzt. Bei den einen wird es ein Mädchen, bei den anderen ein Junge. Und welches Spermium das Rennen gemacht hat, weiß man erst, wenn das Baby geboren wird. Deshalb ist es so spannend, wenn das Baby rauskommt, weil wir dann endlich erfahren, ob es ein Mädchen oder ein Junge ist!

F Wie kann das Baby in dir wachsen?

- *Wie lebt das Baby in deinem Bauch?*
- *Wieso fällt es nicht raus?* • *Was kann es da drin machen?*
- *Wie kriegt es Luft in deinem Bauch?* • *Was kriegt es zu essen?*

Die Neugier der Kinder ist groß, wenn sie wissen, daß ein neues Baby im Mutterleib heranwächst, und seine Fortschritte faszinieren sie genauso wie die Erwachsenen. Lassen Sie Ihre Kinder an dieser Erfahrung teilhaben, sobald die ersten Fragen auftauchen. Geben Sie ihnen, je nach Alter und Verständnis, in jedem Stadium der Schwangerschaft so viele Informationen wie möglich.

Was steckt hinter dieser Frage?

Kleinkinder wollen einfach wissen, wie ein Baby in einem Bauch eingeschlossen sein kann. Auslöser der Neugier mag der erwartete Zuwachs in der eigenen oder einer befreundeten Familie sein. Möglicherweise hat Ihr Kind aber auch beim Arzt oder beim Einkaufen eine hochschwangere Frau gesehen.

Fragen dieser Art gehen oft Hand in Hand mit jenen auf den vorangegangenen Seiten, vor allem mit: »Wie kommt das Baby da rein?« Vorschulkinder geben sich mit einfachen Antworten zufrieden, ältere haben oft genauere Fragen und wollen wissen, was das Baby ißt und trinkt und ob es schon atmen, sehen und hören kann. Schulkinder haben das Thema vielleicht im Unterricht gestreift und wollen zeigen, was sie selbst über das Leben des unsichtbaren kleinen Menschen wissen.

Richtlinien für Ihre Antworten

Nutzen Sie die Chance für eine kleine Einführung in die menschliche Anatomie. Die Illustrationen helfen Ihnen bei der Erklärung, wie das Baby im Mutterleib heranwächst.

Für Kinder unter acht genügt eine Darstellung in groben Zügen. Acht- bis Elfjährige sollten allmählich auch mit den Einzelheiten vertraut gemacht werden.

Sehr hilfreich ist ein Wandkalender oder ein Schwangerschaftstagebuch, in dem die Entwicklung des Babys von Woche zu Woche mit Illustrationen verdeutlicht wird. Acht- bis Zehnjährigen kann man auch schon kompliziertere Darstellungen in Büchern nahebringen.

Betonen Sie, unabhängig vom Alter Ihres Kindes, stets, daß das Ungeborene glücklich, zufrieden und geborgen ist; daß es nicht friert, genug Nahrung bekommt und sich schon binnen weniger Wochen nach der Einnistung im Uterus bewegen kann. Ob es ein Brüderchen oder Schwesterchen wird, spielt keine so große Rolle; vielmehr geht es zunächst darum, daß Ihr Kind eine Beziehung zu dem Ungeborenen aufbauen kann, so daß sich das Baby gleich nach der Geburt geliebt und willkommen fühlt.

Legen Sie sich mit Ihrem Kleinkind ab und zu gemeinsam hin, so daß sein Kopf an Ihrem Bauch ruht, und sagen Sie so etwas wie: »Jetzt kuschele ich mit meinen beiden Babys.« Auf diese Weise gewöhnt sich Ihr Kind rechtzeitig an die Vorstellung, daß die Familie um ein weiteres Mitglied wächst, und wird das Geschwisterchen nach der Geburt eher akzeptieren.

Was Sie ausserdem wissen sollten

Nennen Sie das Ungeborene möglichst oft »dein Baby«, damit das ältere Kind spürt, daß es ebenso zu ihm wie zu den Eltern gehört. So fördern Sie schon vor der Geburt Beschützerinstinkte und Zusammengehörigkeitsgefühl. Wählen Sie den Namen des Kindes im Kreise der Familie aus.

Lassen Sie Ihr Kind fühlen, wie das Baby sich bewegt. Nehmen Sie es zur Schwangerschaftsuntersuchung mit, wo es den Herzschlag hören und das Ultraschallbild sehen kann.

Fragen, Fragen, Fragen ...

- ***Ist es in deinem Bauch dunkel?***
- ***Krabbelt das Baby herum?***
- ***Kann das Baby da drin was sehen / hören?***
- ***Wie groß ist das Baby in deinem Bauch?***

Siehe auch *Wo komme ich her? S. 12* • *Wie kommt das Baby raus? S.16*

Dein Baby hat sein eigenes Nest in Mamas Bauch. Da ist es immer warm, gemütlich und dunkel, und das Baby ist gut aufgehoben und glücklich.

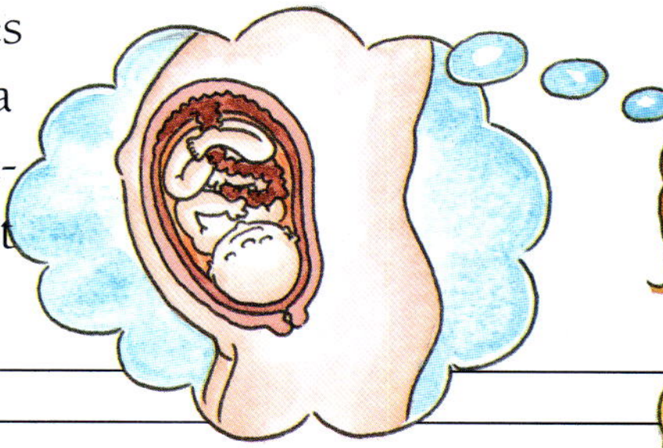

2–4 JAHRE

Dein Baby wächst in einer Art Beutel, der Gebärmutter in Mamas Bauch. Rausfallen kann es nicht, weil der Beutel geschlossen bleibt, bis es groß genug ist und geboren wird. Dein Baby ist ganz munter; es strampelt, lutscht am Daumen, macht die Augen auf und zu und lauscht, wenn's in Mamas Bauch grummelt. Manchmal ruht es sich aus.

4–6 JAHRE

Wenn das Baby einen Monat alt ist, hat es die Größe deines Daumennagels. Mit sechs Wochen schlägt sein Herz, und sein Gehirn entsteht. Dann bilden sich Arme und Beine, und mit zwölf Wochen hat es Finger und Zehen und sieht schon aus wie ein kleiner Mensch, ist aber noch immer kaum größer als mein Zeigefinger. Es braucht ziemlich lange – ganze neun Monate – bis es groß genug ist, um zur Welt zu kommen. Essen, trinken und atmen muß es nicht, weil es Nahrung und Sauerstoff durch eine Art Schlauch aufnimmt, der den Nabel des Babys mit der Gebärmutter verbindet.

6–8 JAHRE

Wenn Spermium und Ei zusammengekommen sind, ist das Baby nicht größer als ein Stecknadelkopf. Schon nach drei Monaten sieht es aus wie ein richtiges Baby. In den ersten Wochen macht es verschiedene Entwicklungsphasen durch: Da sieht es aus, als hätte es Kiemen wie ein Fisch und ein Schwänzchen wie ein Affe – Hinweise darauf, daß der Mensch sich aus Meerestieren und Affen entwickelt hat. Nahrung und Flüssigkeit bekommt das Baby durch die Nabelschnur aus dem Blut der Mutter. An deinem Bauch kannst du sehen, wo deine Nabelschnur mit dem Mutterkuchen – der Plazenta – in Mamas Gebärmutter verbunden war. Dort trifft sich das Blut des Babys mit dem der Mutter und nimmt so Nahrung und Sauerstoff auf.

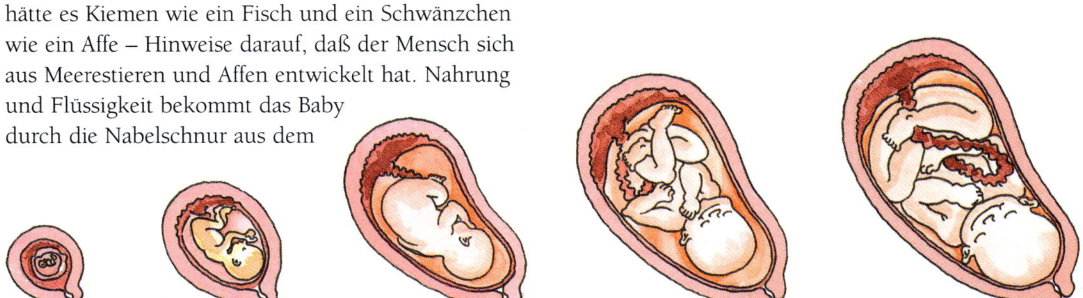

Der Fötus mit 4 Wochen – 4 mm

Mit ca. 12 Wochen – 9 cm lang

Mit ca. 20 Wochen – 18,5 cm

Mit ca. 32 Wochen – 32 cm

Mit ca. 40 Wochen – 35–37 cm

8–11 JAHRE

F Wie kommt das Baby raus?

- *Woher weiß das Baby, wann es raus will?*
- *Holt der Doktor es raus?* • *Wo kommt es heraus?*
- *Was passiert, wenn es geboren ist?*

Nicht anders als Erwachsene finden Kinder den Geburtsvorgang faszinierend, haben aber kaum eine Vorstellung davon, wie er im einzelnen vor sich geht. Je kleiner sie sind, desto eher geben sie sich mit einfachen Antworten zufrieden. Wenn Sie ein Baby in der Klinik bekommen und Ihr Kind Sie nicht begleiten kann, sollten Sie ihm genau erklären, wann es Sie dort besuchen kann und wie lange es dauert, bis Sie mit dem Baby nach Hause kommen werden.

Was steckt hinter dieser Frage?

Alle Kinder fragen sich, wie das Baby aus dem Mutterleib herauskommt. Die ganz Kleinen glauben manchmal sogar, es gäbe eine Art Reißverschluß am Bauch der Mutter. Größere wollen es schon genauer wissen und fragen mitunter nach dem »Loch«, aus dem das Baby kommt. Manche haben – wahrscheinlich im Fernsehen – schon die Geburt von Kätzchen oder Welpen gesehen und wollen dann wissen, ob es beim Menschen genauso ist. Schulkinder mit Biologiekenntnissen fragen oft auch, ob die Geburt der Mutter wehtut und wie sie sich auf das Baby auswirkt.

Richtlinien für Ihre Antworten

Versuchen Sie, so exakt wie möglich zu antworten, vor allem, wenn Sie selbst bald ein Baby bekommen. Im Falle einer Klinikgeburt, die eine vorübergehende Trennung mit sich bringt, kommt es vor allem darauf an, den älteren Geschwistern klarzumachen, daß Sie nicht auf Nimmerwiedersehen verschwinden, sondern bald wieder nach Hause kommen. Damit Ihr Kind begreift, daß die Geburt eine Weile dauern kann, sollten Sie die einzelnen Stadien der Geburt mit ihm durchsprechen. Ob Sie selbst schwanger sind oder eine Bekannte von Ihnen, oder ob das Thema aus purer Neugier aufkommt – die Illustrationen in diesem oder einem anderen Buch helfen Ihnen bei der Erklärung. Beunruhigen Sie Ihr Kind nicht mit drastischen Ausführungen über die Wehen.

Hilfreich ist es auch, wenn Sie Ihrem Kind ein Haustier zeigen können, das gerade Junge bekommen hat, einen Hund vielleicht oder eine Katze. Sagen Sie Ihrem Kind, wenn die Wehen einsetzen und Sie ins Krankenhaus müssen, daß es Sie und das neue Baby schon bald besuchen kann.

Was Sie ausserdem wissen sollten

Nehmen Sie, wenn möglich, Ihr Kind schon vor der Geburt einmal in die Klinik mit und zeigen Sie ihm den Kreißsaal und die Mütterstation, damit es sich vorstellen kann, wo Sie sich aufhalten werden.

Lassen Sie Ihr Kind bei der Schwangerschaftsgymnastik und den Atemübungen mitmachen. Daran haben beide ihren Spaß – und Ihr Kind versteht besser, worum es geht.

Wenn das Kind sehen will, wo das Baby rauskommt, sagen Sie ihm, daß das »Loch« zu tief unten und schwer zu sehen ist. Zeigen Sie ihm statt dessen ein Bild.

Wenn Sie zu den Glücklichen gehören, die zu Hause gebären können, beteiligen Sie Ihre Kinder an den Vorbereitungen. Wenn alles gut verläuft und kein Notfall eintritt, sollten Sie sie auch nicht aus dem Geburtszimmer verbannen. Sprechen Sie vorher mit Ihrem Arzt und Ihrer Hebamme darüber.

Fragen, Fragen, Fragen …

- ***Tut es weh, wenn man ein Baby bekommt?***
- ***Wie lange dauert die Geburt?***
- ***Hast du mich auch noch lieb, wenn das Baby da ist?***
- ***Hat das Baby gleich Haare und Zähne?***
- ***Wieso mußt du ins Krankenhaus?***

Siehe auch *Wo komme ich her? S. 12* • *Wie kann das Baby in dir wachsen? S. 14*

2–4 JAHRE

Wenn dein Baby zu groß für Mamis Bauch ist, kommt es auf die Welt. Dich hab' ich dann noch genauso lieb.

4–6 JAHRE

Dein Baby wird geboren, wenn es groß genug ist und mehr zu essen braucht, als Mami ihm geben kann. Papi bringt mich in die Klinik, damit dem Baby nichts passiert. Oma kümmert sich um euch. Am nächsten Tag kommt ihr mich besuchen. Zwei Tage später sind wir dann mit deinem neuen Baby wieder zu Hause. Und Dich hab ich dann noch genauso lieb wie heute.

6–8 JAHRE

Die Gebärmutter ist ganz fest verschlossen, damit dem Baby nichts passiert, aber wenn es dann kommen will, geht der Muttermund am unteren Ende langsam auf und dehnt sich, und die Muskeln im Mutterleib drücken das Baby die Scheide hinunter und zwischen Mamis Beinen heraus. Das kann einige Stunden dauern. So werden nicht nur Menschenbabys geboren, sondern auch viele Tierbabys. Nach der Geburt wird das Baby erst einmal ein bißchen schreien und sich umsehen. Manche Babys haben schon viele Haare, manche nur ganz wenige. Zähne bekommen die meisten erst mit sechs Monaten.

8–11 JAHRE

Wenn ihm die Nahrung von der Mutter nicht mehr ausreicht, spürt das Baby, daß es geboren werden will. Und der Mutterleib weiß das auch, denn das Baby wird zu groß für ihn. Der Weg des Babys aus der Gebärmutter führt durch den Muttermund, der während der Schwangerschaft fest verschlossen ist. Wenn das Baby soweit ist, ziehen die Gebärmuttermuskeln den Muttermund auf und stoßen das Baby durch den Geburtskanal – die Scheide – hinaus. Weil die Muskeln so stark sind, kann das der Mutter wehtun, weshalb man bei diesem Vorgang auch von »Wehen« spricht. Sie können bis zu 18 Stunden oder länger dauern, denn der Geburtskanal dehnt sich nur langsam, damit keine Verletzungen entstehen. Geholfen wird den Müttern dabei von Ärzten und besonders ausgebildeten Schwestern, die man Hebammen nennt. Nach der Geburt hören die Wehen auf, und Scheide und Gebärmutter schrumpfen wieder auf Normalgröße zusammen.

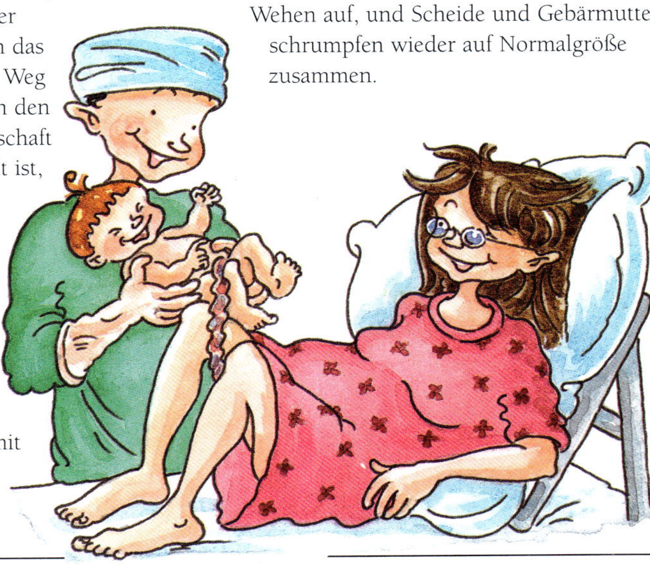

F Was ist Sex?

- *Was ist Geschlechtsverkehr?* • *Was heißt »miteinander schlafen«?*
- *Habt ihr beide (Mama und Papa) Sex?* • *Ist Sex schön?*
- *Wieso hat man Sex?* • *Werd' ich auch mal Sex haben?*

Das ist die Frage der Fragen. Sie kommt unweigerlich auf Sie zu, weshalb Sie darauf vorbereitet sein sollten, egal, wie alt Ihr Kind ist. Die wahrheitsgemäße Antwort wird Ihrem Kind zu einer verantwortungsbewußten, gesunden Einstellung verhelfen, wenn es später selbst sexuell aktiv wird.

Was steckt hinter dieser Frage?

Von Kleinkindern wird diese Frage kaum gestellt, es sei denn, sie werden direkt damit konfrontiert – etwa, wenn sie ins Schlafzimmer kommen, während sich die Eltern gerade lieben. Doch auch dann fragen sie allenfalls »Was macht ihr da?« Wenn ein sehr kleines Kind Fragen wie die oben genannten stellt, kann dies ein Alarmzeichen für möglichen Mißbrauch sein (s. S. 78). Möglich ist aber auch, daß es bei älteren Kindern etwas aufgeschnappt hat. Ein größeres Kind fragt wahrscheinlich aus einem oder mehreren der folgenden Gründe: Es hat irgendwo Ausdrücke wie »Sex«, »Geschlechtsverkehr«, »miteinander schlafen« usw. aufgeschnappt und möchte nun natürlich wissen, was das ist.

Vielleicht hat es in einer Illustrierten, im Fernsehen oder im Kino eine Sexszene gesehen. Auch in diesem Fall ist es wahrscheinlich nur neugierig, möglicherweise aber auch beunruhigt, je nachdem, um was für eine Szene es sich handelte. Versuchen Sie, die Hintergründe herauszufinden.

Vielleicht hält Ihr Kind Sex für ein schwieriges oder peinliches Thema, über das Erwachsene nicht gerne mit Kindern reden. Unter diesen Umständen haben die Fragen vielleicht einen provozierenden Unterton. Bleiben Sie gelassen.

Ob Provokation oder Neugier – scheuen Sie sich nicht vor der Beantwortung. Versuchen Sie herauszufinden, was Ihre Kinder besonders bewegt. Zoten und heimlichem Getuschel begegnet man am besten, indem man den Sex entmystifiziert.

Richtlinien für Ihre Antworten

Diese Frage sollte immer im Kontext mit den nächsten beiden (*Was ist eine Scheide?*, S. 20, und *Was ist ein Penis?*, S. 22) betrachtet werden, da alles eng miteinander zusammenhängt.

Die Beantwortung solcher Fragen gibt Ihnen Gelegenheit zu betonen, daß es Liebe ist, die zum Sex führt, und daß Liebe Verantwortung mit sich bringt – die Verantwortung, Rücksicht auf den Partner zu nehmen, ihn niemals zu nötigen, zu bedrängen oder zu bedrohen und anderen ebenso viel Achtung entgegenzubringen wie sich selbst.

Vorschulkinder brauchen nur die einfachsten Erklärungen. Während Sie womöglich schon vor der nächsten Frage zittern, wird Ihr Kind einfach das Thema wechseln oder mit einem »Danke, Papi!« davonrennen und weiterspielen.

Was Sie ausserdem wissen sollten

Nehmen Sie bei jeder Antwort die Gelegenheit wahr, Ihre Einstellungen und Werte darzulegen und Ihrem Kind das Gefühl zu geben, daß es geliebt und gut informiert wird.

Vergessen Sie nicht: Kinder unter acht brauchen kein detailliertes Wissen über die körperlichen Vorgänge beim Sex.

Versuchen Sie, einer Beunruhigung Ihres Kindes zuvorzukommen. Denken Sie daran, daß es auch um Selbstbeherrschung und Abstinenz geht.

Fragen, Fragen, Fragen ...

- ***Was heißt »jemanden aufs Kreuz legen« / »vögeln«?***
- ***Kriegt ihr jedesmal ein Baby, wenn ihr Sex habt?***
- ***Macht ihr nur im Bett Sex?***
- ***Wieso küssen sich die Leute und schmusen miteinander?***
- ***Hört ihr mit dem Sex auf, wenn ihr alt seid?***

Siehe auch *Wo komme ich her? S. 12* • *Was ist eine Scheide? S. 20* • *Was ist ein Penis? S. 22* • *Was ist Verhütung? S. 30*

2–4 JAHRE

Sex ist eine besondere Art des Schmusens, mit der Mamas und Papas sich zeigen, daß sie sich liebhaben.

4–6 JAHRE

Sex ist eine Möglichkeit für zwei Erwachsene, die sich wie Mama und Papa sehr liebhaben, ganz nah beieinander zu sein, sich auf besondere Weise zu küssen und miteinander zu kuscheln. Meistens machen sie das im Bett. Manchmal kann dabei auch ein Baby entstehen.

6–8 JAHRE

Sex ist eine der Möglichkeiten für Erwachsene, sich ihre Liebe zu zeigen. Dabei machen sie sich gegenseitig glücklich und fühlen sich ganz wunderbar. Das Wort »Sex« stammt aus dem Englischen. Das deutsche Wort ist »Geschlechtsverkehr«. Es gibt eine Menge anderer Bezeichnungen, aber die meisten davon sind nicht anständig. Beim Geschlechtsverkehr wird der Penis des Mannes steif. Er steckt ihn in die Scheide seiner Partnerin, was für beide ein sehr schönes Gefühl ist. Beim Sex kann ein Baby entstehen, doch meistens haben Erwachsene Sex, um sich zu zeigen, wie lieb sie einander haben – auch dann, wenn sie schon ziemlich alt sind.

8–11 JAHRE

Das Wort »Sex« kommt aus dem Englischen und meint zum einen dein Geschlecht. Es erklärt, ob du ein Mädchen oder ein Junge bist. Eine zweite Bedeutung ist »Geschlechtsverkehr«. Erwachsene, die sich gern haben, können sich beim Sex gegenseitig sehr glücklich machen. Deshalb spricht man auch von »sich lieben«. Beim Sex steckt der Mann seinen Penis in die Scheide der Frau, und das ist für beide ein schönes Gefühl, das immer toller wird. Auf dem Höhepunkt stößt der Mann in der Scheide der Frau sein Sperma aus. Ausziehen muß man sich zum Sex nicht unbedingt, aber die meisten Menschen tun es doch, weil sie dann viel näher beieinander sein können. Deshalb findet Sex auch meistens im Bett statt. Es gibt viele Möglichkeiten beim Sex, und solange sich beide wohlfühlen, sind alle richtig. Beim Geschlechtsverkehr kann ein Kind entstehen, doch die meisten Leute haben nur deshalb Sex miteinander, weil sie sich liebhaben und weil es ein tolles Gefühl ist. Damit die Frau nicht schwanger wird, benutzen sie Verhütungsmittel. Normalerweise wartet man, bis man erwachsen ist, ehe man sexuelle Beziehungen eingeht. Auf keinen Fall sollte man sich darauf einlassen, wenn man das Gefühl hat, daß man noch nicht bereit dazu ist.

• *Ist Sex was Schönes? S. 34*

F Was ist eine Scheide?

- *Wozu ist die Scheide da?* • *Wieso haben Jungen keine Scheide?*
- *Wozu braucht man einen Penis?* • *Wieso hab' ich keinen Penis?*
- *Wann kann ich denn ein Baby kriegen?* • *Wozu sind Brüste da?*

Alle Kinder wollen sich mit ihren Geschlechtsgenossen identifizieren. Ein Junge will nicht für ein Mädchen gehalten werden und umgekehrt. Ihr Interesse gilt Unterschieden und Gemeinsamkeiten. Jungen und Mädchen wollen wissen, was jeweils für ihr Geschlecht typisch ist. Besprechen Sie also diese Seite sowie den Abschnitt »*Was ist ein Penis?*« (S. 22) möglichst mit Söhnen und Töchtern gemeinsam, damit beide auch über das jeweils andere Geschlecht aufgeklärt werden.

Was steckt hinter dieser Frage?

Mädchen identifizieren sich schon frühzeitig mit anderen Mädchen und suchen nach Ähnlichkeiten und Merkmalen, die sie von den Jungen unterscheiden. Allerdings werden nur wenige Mädchen unter vier Jahren Fragen stellen, denn bis dahin glauben die meisten, daß jeder Mensch aussieht wie sie selbst. Erst im Schulalter fangen sie an, auf Unterschiede zu anderen Kindern und zwischen erwachsenen Männern und Frauen zu achten. Der Penis ist ein deutlicher Unterschied, so daß Fragen wie: »Ist diese Puppe ein Mädchen oder ein Junge? Wo ist der Penis?« ganz natürlich sind. Es kann nicht schaden, wenn eine Mutter ihrer Tochter zeigt, daß sie keinen Penis hat; das ist die beste Rückversicherung und gibt Ihrer Tochter Selbstbewußtsein – sie ist genauso wie Mama! Ebenso wird sich eine Tochter mit dem Vater vergleichen, die Unterschiede bemerken und wissen wollen, warum es sie gibt.

Richtlinien für Ihre Antworten

Schimpfen Sie Ihr Kind niemals aus, wenn es sich für die Unterschiede zwischen den Geschlechtern interessiert, sondern befriedigen Sie seine Neugier, indem Sie die Fragen offen und ehrlich beantworten. Früher wurde viel Aufhebens über die Freudsche Theorie gemacht, Mädchen litten unter »Penisneid«, seien also von Geburt an eifersüchtig, weil sie keinen Penis hätten. Das mag nicht buchstäblich zutreffen, aber immerhin müssen Mädchen lange warten, bis sie äußere Geschlechtsmerkmale entwickeln – ihre Brüste. Aber davon haben sie gleich zwei – auch ein Grund, stolz darauf zu sein.

Wenn Sie auch Söhne haben, beziehen Sie sie in Ihre Gespräche mit ein. Jungen müssen über Mädchen Bescheid wissen, weil Wissen und Verständnis bei ihnen schon früh Verantwortungsgefühl und Rücksicht auf die Bedürfnisse von Mädchen und Frauen fördern.

Was Sie ausserdem wissen sollten

Jedes Mädchen erforscht seinen Körper in den ersten beiden Lebensjahren. Das gehört zur normalen Entwicklung des Kindes. Bleiben Sie tolerant und hindern sie ein Baby oder Kleinkind nicht daran – es ist natürlich und macht ihm Freude. »Schmutzig« ist es nicht.

Ihre Tochter wird Ihnen etwa vom sechsten Lebensjahr an gezielte Fragen zum Thema Sex stellen. Sie wird »Mama und Papa« spielen, indem sie die Mutter nachahmt, und wird wissen wollen, wie kleine Jungen aussehen. Keine Sorge, das ist ganz normal. Behalten Sie diese Spiele jedoch im Auge, damit nichts passiert. Achten Sie insbesondere darauf, daß sich das Mädchen keine Gegenstände in die Scheide steckt.

Ihre neun- oder zehnjährige Tochter scheut sich vielleicht, bestimmte Fragen zu stellen. Machen Sie ihr Mut: Vor allem Mütter sollten ganz offen zu ihren Töchtern sein. Erzählen Sie ihr, wie Sie Ihre eigene Entwicklung zur Frau erlebt haben.

Fragen, Fragen, Fragen ...

- ***Haben Jungs auch Brüste?***
- ***Kommt der Urin aus der Scheide?***
- ***Was ist eine Klitoris?***
- ***Wann hat Mama ihre Brüste bekommen?***
- ***Was sind Eierstöcke?***
- ***Was ist eine Gebärmutter?***

Siehe auch *Wo komme ich her? S. 12* • *Was ist Sex? S. 18* • *Was ist ein Penis? S. 22* • *Was heißt Pubertät? S. 26*

2–4 JAHRE

Diese Frage werden nur wenige Kinder unter vier stellen, denn sie nehmen ihre Anatomie als gegeben hin. Stellt Ihr Kind dennoch Fragen über Geschlechtsunterschiede, so orientieren Sie sich bei Ihren Antworten an denen für die Vier- bis Sechsjährigen.

4–6 JAHRE

Die Scheide ist eine Röhre, die zwischen deinen Beinen in deinen Schoß hineinführt. Jungen und Männer haben stattdessen einen Penis. Die Scheide oder Vagina ist die Röhre, durch die der männliche Samen schwimmt, wenn ein Baby entsteht, und sie dehnt sich aus, wenn es geboren wird. Die Brüste geben Milch, damit das Neugeborene gestillt werden kann. Deine Brüste wachsen, wenn du etwa zwölf bist. Bei Mama war es auch so.

6–8 JAHRE

Alle Mädchen und Frauen haben eine Scheide, alle Männer und Jungen einen Penis. Die Vagina ist eine dehnbahre Röhre, die zwischen deinen Beinen anfängt und in deinen Körper hineinführt. Mädchen haben auch eine Klitoris, die wie ein winziger Penis ist, aber nicht so hervorsteht. Sie kann steif wie ein Penis werden, und das ist ein prickelndes, schönes Gefühl. Das Sperma kommt aus dem Penis des Mannes. Die Scheide produziert Feuchtigkeit, damit nichts weh tut, vor allem beim Geschlechtsverkehr. Der Urin fließt durch die Harnröhre, deren Öffnung gleich neben der Klitoris liegt. Mädchen können ab dreizehn Jahren ein Baby bekommen, aber die meisten warten damit, bis sie erwachsen sind.

8–11 JAHRE

Wenn ein Mann und eine Frau – so wie Mama und Papa – Geschlechtsverkehr miteinander haben wollen, dann wird die Scheide feucht und naß, damit der Penis leichter eindringen kann, und das fühlt sich sehr schön an. Das Tollste ist, wenn beide einen Orgasmus bekommen. Beim Mann bedeutet der Orgasmus, daß das Sperma mit den Samen in die Vagina spritzt – das nennt man Ejakulation. Eine Frau ejakuliert beim Orgasmus nicht, aber ihre Scheide wird noch feuchter. Jeder Penis wird von Zeit zu Zeit steif, das nennt man Erektion. Manchmal wird auch deine Klitoris steif, und dann willst du sie anfassen, weil das ein schönes Gefühl ist. Das ist ganz normal; die meisten Mädchen und Frauen tun das. Die Scheide führt in die Gebärmutter (Uterus), wo sich die Babys entwickeln.

Die Eierstöcke, die jeden Monat ein Ei produzieren, liegen geschützt im Innern des weiblichen Körpers, während die männlichen Hoden außerhalb des Körpers im Hodensack hängen, damit sie kühl bleiben.

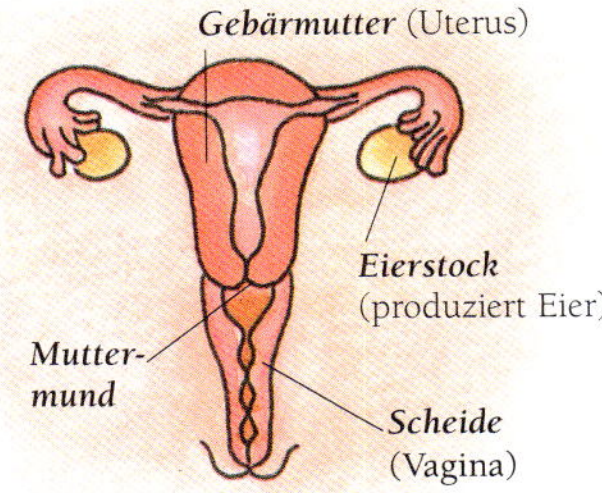

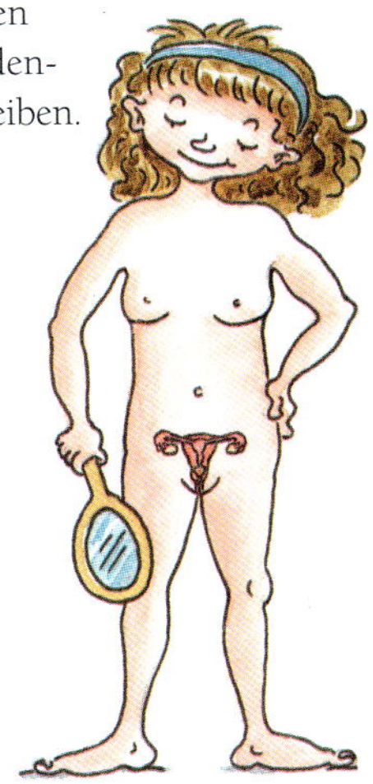

• *Was ist eine Periode? S. 28* • *Was ist Selbstbefriedigung? S. 32* • *Ist Sex was Schönes? S. 34*

F Was ist ein Penis?

- *Warum habe ich einen Penis?* - *Wieso haben Mädchen keinen?*
- *Warum wird mein Penis größer/härter?* - *Was ist eine Scheide?*
- *Wozu sind die Hoden da?* - *Wieso hat Papa keine Brüste?*

Auch Jungen wollen erfahren, was an ihrer Anatomie Besonderes ist. Die meisten der folgenden Fragen sind aus der Sicht von Jungen gestellt, doch auch Mädchen wollen Bescheid wissen, damit sie verstehen, warum Mädchen und Jungen unterschiedliche Dinge mögen und tun. Besprechen Sie diese Seite sowie den Abschnitt »*Was ist eine Scheide?*« (S. 20) möglichst mit Söhnen und Töchtern gemeinsam, damit beide auch über das jeweils andere Geschlecht aufgeklärt werden.

Was steckt hinter dieser Frage?

Keine dieser Fragen ist anzüglich oder unanständig – im Gegenteil, sie sind alle intelligent. Schon Zweieinhalbjährige finden es interessant, daß sie Jungen sind, und wollen über ihre männlichen Eigenheiten Bescheid wissen. Sie wollen genauso sein wie andere Jungen und beileibe nicht für ein Mädchen gehalten werden. Ab fünf Jahren etwa fangen sie an, sich mit den Mädchen zu vergleichen. Ihr Sohn wird außerdem wissen wollen, ob er und sein Vater Gemeinsamkeiten haben – er will sich mit ihm identifizieren können. Später, wenn er erfährt, daß es feuchte Träume gibt oder er selbst einen hat, will er wissen, daß das normal ist und daß andere Jungen und Männer, die er kennt, das gleiche erleben – sogar der Papa.

Richtlinien für Ihre Antworten

Will man einem Jungen die Gewißheit geben, daß er ganz normal ist, läßt man ihn am besten seinen Penis mit dem seines Vaters vergleichen und erklärt ihm, daß der dasselbe tut wie sein eigener.

Vierjährige sind fasziniert von ihren Genitalien, denn sie haben schon jahrelange Erfahrung mit diesem interessanten Körperteil, den man in die Hand nehmen kann, der prickelt und aus dem es manchmal spritzt. Doch jetzt wollen sie mehr wissen. Das ist normal und sollte nicht abgeblockt werden. Bleiben Sie zurückhaltend, aber auch positiv: Erlauben Sie Ihrem Sohn seine Selbststimulierung und sexuelle Neugier. Er ist ein sexuelles Wesen, das bei der Erforschung seines Körpers Erregung spürt. Schimpfen Sie Ihr Kind deswegen niemals aus; ignorieren Sie, was er tut, oder lenken Sie ihn mit anderen Aktivitäten ab. Kinder unter fünf stellen solche Fragen für gewöhnlich nicht, weil sie ihre Anatomie als gegeben hinnehmen.

Was Sie ausserdem wissen sollten

Bis zum Alter von achtzehn Monaten ist es ganz normal, daß Jungen mit ihrem Penis spielen und erste Erektionen erleben. Auch mit drei Jahren ist Ihr Söhnchen noch interessiert an allem, was mit Genitalien, Urin und Kot zusammenhängt.

Bei Sechsjährigen ist es normal, daß sie ihr Interesse an der Sexualität in »Doktorspielen« ausdrücken. Solange dabei niemandem wehgetan wird, nehmen Sie es als gegeben hin und interpretieren Sie es nicht als erotische Spielerei.

Fragen über die Funktion des Penis führen ganz natürlich zu Fragen über die Vagina, sowohl bei Mädchen als auch bei Jungen. Beziehen Sie die Antworten von S. 20/21 mit ein, aber denken Sie daran, daß Sie einem Kind niemals eine echte Scheide zeigen müssen. Die meisten Kinder geben sich damit zufrieden, daß das zu intim ist. Sieben- oder Achtjährigen können Sie eine einfache Zeichnung zeigen. Neun- oder zehnjährigen Jungen kann der Vater erklären, wie sich eine Scheide für ihn anfühlt.

Fragen, Fragen, Fragen ...

- ***Wieso hab' ich keine Scheide?***
- ***Haben alle Jungs den gleichen Penis?***
- ***Wird Papas Penis auch steif?***
- ***Was passiert in meinen Hoden?***
- ***Was ist die Vorhaut?***
- ***Was ist eine Ejakulation?***

Siehe auch *Was ist Sex? S. 18* • *Was ist eine Scheide? S. 20* • *Was heißt Pubertät? S. 26* • *Was ist Selbstbefriedigung? S. 32*

2–4 JAHRE

Kinder unter vier werden diese Frage nur selten stellen, denn ihr Körperbau ist für sie etwas Selbstverständliches. Fängt Ihr Kind dennoch an, nach Geschlechtsunterschieden zu fragen, orientieren Sie sich bei Ihren Antworten an denen für Vier- bis Sechsjährige.

4–6 JAHRE

Alle Jungen und Männer haben einen Penis. Der ist für zwei Dinge da: Zum einen wird durch ihn der Harn oder Urin ausgeschieden, zum anderen kann der Junge, wenn er zum Mann geworden ist, mit seinem Penis ein Baby machen. Jeder Penis wird hin und wieder steif, vor allem, wenn man ihn berührt oder in der Hand hält. Papas Penis ist genau wie deiner, nur größer.

6–8 JAHRE

Meistens brauchst du deinen Penis nur, um deinen Harn loszuwerden. Aber er kann auch steif werden. Wenn ein Mann erwachsen ist, kann er so seinen Penis leichter in die Scheide einer Frau stecken und seinen Samen drinlassen, damit ein Baby entsteht. Die Scheide ist eine dehnbare Röhre, die zwischen den Beinen einer Frau anfängt und in ihren Unterleib führt. Dein Penis ist sehr empfindlich und wächst wahrscheinlich ab und zu – fast als wäre er ferngesteuert. Das fühlt sich ganz gut an. Frauen und Mädchen haben keinen Penis. Sie haben eine kleine Klitoris, die aber auch ein bißchen wachsen und prickeln kann, ähnlich wie dein Penis. Gleich bei der Klitoris ist eine kleine Öffnung, durch die der Harn rausfließt.

8–11 JAHRE

Wenn ein Penis steif wird und sich aufrichtet, nennt man das eine Erektion. Das ist etwas ganz Normales und gehört zum Größerwerden dazu. Wenn du erst mal zwölf oder so bist, werden deine Hoden Tag und Nacht viele Spermien produzieren. Haben sich genug davon angesammelt, müssen sie raus, und dann hast du vielleicht einen »feuchten Traum«, das heißt, die Spermien kommen raus, während du schläfst. Auch das ist ganz normal und natürlich und bei den meisten Jungen so. Hoden sind kleine Samenfabriken. Damit alles glattgeht, müssen sie kühler sein als der Rest deines Körpers. Deshalb befinden sie sich außerhalb des Körpers im Hodensack. Die Vorhaut ist das Stückchen Haut, das deine Penisspitze schützt. Sie ist sehr beweglich und wird bei kleinen Jungen manchmal aus religiösen oder medizinischen Gründen entfernt. Man nennt das Beschneidung. Auf die Funktion des Penis hat die Beschneidung keinen Einfluß.

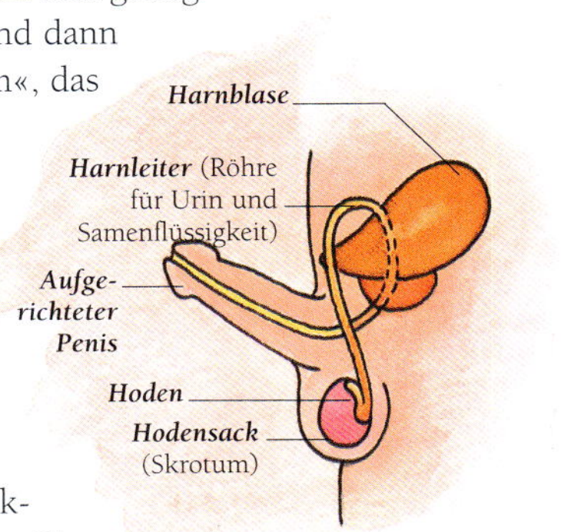

• *Ist Sex was Schönes? S. 34*

F Warum darf ich nicht nackt sein?

• *Darf ich mit dir in die Badewanne?* • *Muß ich mich unbedingt anziehen?* • *Kann ich ohne Kleider rumlaufen?* • *Wieso haben Papa und du manchmal nichts an?*

Das Thema Nacktheit ist bedauerlicherweise oft mit Tabus belegt. Dabei sind Hemmungen in Familien mit Kindern unter elf Jahren unnötig. Sie sollten Ihre Kinder aber schon von klein auf darauf aufmerksam machen, daß es – vor allem unter den Älteren – Menschen gibt, die anderer Meinung sind, und daß man auf sie Rücksicht nehmen und sich entsprechend verhalten sollte.

Was steckt hinter dieser Frage?

Bis zum siebten oder achten Lebensjahr sind sich Kinder ihrer eigenen Nacktheit oder der anderer Menschen gar nicht richtig bewußt. Verhalten sie sich dennoch prüde, so haben sie das von Erwachsenen gelernt, die sich ihrer Nacktheit schämen. Die meisten Kinder halten es für ganz normal, nackt herumzulaufen, und können nicht verstehen, warum ihnen Beschränkungen auferlegt werden. Wenn in Ihrer Familie eine freizügige Einstellung herrscht, bedenken Sie, daß es unter der älteren Generation, aber auch unter den Eltern der Spielkameraden Ihrer Kinder, Menschen gibt, die Ihre Ansichten nicht teilen. Kommt es zu Konflikten, ist die Wahrscheinlichkeit, daß Ihre Kinder Fragen dazu stellen, besonders groß.

Richtlinien für Ihre Antworten

Wenn Sie selbst im Umgang mit der Nacktheit befangen sind, versuchen Sie, Ihre Kinder nicht ebenso zu erziehen. Ihre Jüngsten stören sich an Ihrer Nacktheit überhaupt nicht – nehmen Sie sich ein Beispiel an ihnen.

Mit acht oder neun Jahren geben uns manche Kinder (vor allem Mädchen) deutlich zu verstehen, daß sie sich nicht mehr gerne nackt vor uns zeigen. Ihre Tochter fängt an, sich in ihrem Zimmer einzuschließen oder sie hängt ein Schild mit der Aufschrift »DRAUSSEN BLEIBEN« an die Tür. Sie sperrt die Toilettentür ab und bedeckt sich, wenn sie sich zum Schwimmen umzieht. Sie sollten dieses Bedürfnis nach Wahrung ihrer Intimsphäre respektieren. Es ist Teil des sexuellen Erwachens und geht der Pubertät voran. Achten Sie jedoch gleichzeitig darauf, daß sie sich eine positive Einstellung zu ihrer äußeren Erscheinung erhält, damit spätere Probleme mit einem zu geringen Selbstwertgefühl vermieden werden.

Versuchen Sie, konsequent zu sein. Ein Beispiel: Wenn Sie die Gewohnheit hatten, Ihr Baby mit in die Badewanne zu nehmen, ist es nicht gut, wenn Sie nach ein, zwei Jahren damit aufhören, weil Sie sich nicht mehr nackt zeigen wollen. Das ist nicht nur verwirrend für Ihr Kind, sondern kann Heimlichtuerei und Vertrauensverlust nach sich ziehen.

Was Sie ausserdem wissen sollten

Je weniger Grenzen gesetzt werden, desto besser. Meine eigenen Kinder folgten mir in die Toilette, bis sie fünf oder sechs waren, und konnten jederzeit ins Bad oder Schlafzimmer kommen, wenn ich mich anzog. Manche Menschen sind dazu zu schamhaft, doch mir ging es darum, jederzeit für meine Kinder ansprechbar zu sein und sie außerdem daran zu gewöhnen, daß Nacktheit etwas Natürliches ist, dessen man sich nicht zu schämen braucht.

Selbstverständlich muß Ihr Kind auch lernen, daß andere Leute nicht so offen mit der Nacktheit umgehen. Sie werden Ihrem Kind erklären müssen, daß man aus Höflichkeit andere nicht in Verlegenheit bringt. Was zu Hause selbstverständlich ist, geht anderswo nicht. Meistens verstehen Kinder diese unterschiedlichen Einstellungen gut und richten sich gerne danach, wenn man ihnen die Gründe dafür erklärt.

Fragen, Fragen, Fragen ...

- ***Macht es was aus, wenn alle Kinder nackt sind?***
- ***Darf ich mit ins Bad kommen?***
- ***Warum schimpft Oma, wenn ich mich ausziehe?***
- ***Warum sagt Peters Mama, nackt sein gehört sich nicht?***
- ***Wieso regt sich Karin auf, wenn ich mich ausziehe?***

Siehe auch *Was ist eine Scheide? S. 20* • *Was ist ein Penis? S. 22* • *Was heißt Pubertät? S. 26*

2–4 JAHRE

Natürlich habe ich nichts dagegen, wenn du dich ausziehst, solange du nur nicht frierst. Aber wenn du bei Oma bist und sie dir sagt, du sollst deine Kleider anlassen, dann halt dich daran, denn wir wollen sie doch nicht verärgern.

4–6 JAHRE

Ich weiß, wie schön es ist, ohne Kleider rumzulaufen, und morgens nach dem Aufstehen gehen Papa und ich ja auch oft nackt durchs Haus. Du kannst jederzeit ins Bad kommen und mit uns reden. Es gibt aber auch Leute, denen es unangenehm ist, wenn man nichts anhat. Deshalb zieh dir bei ihnen lieber etwas über.

6–8 JAHRE

Wenn du mit Luzie in ihrem Garten ohne Kleider spielst, ist das in Ordnung, weil es ihre Mutter nicht stört. Aber wenn du bei Karin bist, behalte deine Sachen lieber an, weil Karin sich geniert und es ihrer Mutter so lieber ist. Es gibt Menschen auf der Welt, die nie viele Kleider anhaben. Andere bedecken am liebsten ihren ganzen Körper. Wenn wir solche Leute treffen, sollten wir auf ihre Gefühle Rücksicht nehmen. Zu Hause stört es Papa und mich gar nicht, wenn ihr uns ohne Kleider seht, denn wir mögen unsere Körper und laufen zur Abwechslung auch mal ganz gern nackt herum.

8–11 JAHRE

Daß es dir unangenehm ist, wenn dir jemand dabei zusieht, wie du deinen Badeanzug anziehst, kann ich gut verstehen. Auch, daß du es nicht mehr magst, wenn du auf dem Klo bist und plötzlich dein Bruder reinkommt. Mir ging es in deinem Alter genauso. Daß du mit dir und deinem Körper öfter allein sein willst, gehört zum Größerwerden. Aber vergiß nicht, daß dein Bruder jünger ist als du. Mal dir doch ein Schild mit der Aufschrift »DRAUSSEN BLEIBEN – IHR STÖRT« Und im Bad stecken wir von jetzt an den Schlüssel ins Schloß.

F Was heißt Pubertät?

- *Wieso klingt Michaels Stimme so komisch?*
- *Was sind Hormone?*
- *Wann wächst mir ein Busen?*
- *Was ist Pubertät?*
- *Warum kriege ich Haare zwischen den Beinen?*

Wenn Ihr Kind anfängt, Fragen über die Pubertät zu stellen, dann nehmen Sie es ernst, denn es ist ein Zeichen dafür, daß es sich Gedanken über das Erwachsenwerden macht. Kinder unter sechs werden das Wort kaum einmal in den Mund nehmen, aber auch sie haben vielleicht schon Fragen, weil sie Veränderungen an älteren Kindern wahrnehmen.

Was steckt hinter dieser Frage?

Dies ist eine der schwierigsten und provozierendsten Fragen, die ein Kind stellen kann, da es vermutet, daß die Antwort mit Sexualität zu tun hat. Ein Kleinkind, das nach der Pubertät fragt, hat das Wort nur irgendwo aufgeschnappt. Aber Kinder ab sechs wissen, daß sich der Körper verändert, wenn man älter wird, und wollen Genaueres erfahren.

Richtlinien für Ihre Antworten

Weichen Sie Fragen Ihres Kindes über die Pubertät nie aus. Ein guter Anfang ist eine Rückfrage: »Was genau willst du über die Pubertät wissen?« Bei Zehnjährigen können Sie Ihre eigenen Pubertätserfahrungen ins Gespräch einfließen lassen.

Machen Sie sich niemals lustig über Ihr Kind und respektieren Sie sein Bedürfnis nach Intimsphäre. Wenn es weiß, daß es von Ihnen weder kritisiert noch verurteilt wird, wird es in späteren Jahren auch den Mut finden, Ihnen schwierigere Fragen zu stellen.

Was Sie ausserdem wissen sollten

Schon bei neun- bis zehnjährigen Mädchen können sich Brüste entwickeln und erste Körperhaare zeigen. Mädchen sollten daher rechtzeitig erfahren, was auf sie zukommt.

Die beste Vorbereitung auf die Pubertät ist es, wenn Sie Ihr Kind genau über die Veränderungen informieren, die dabei vor sich gehen. Dazu gehören auch Themen wie Menstruation, Fruchtbarkeit, feuchte Träume und Selbstbefriedigung.

Fragen, Fragen, Fragen ...

- ***Wann hat deine Pubertät angefangen?***
- ***Was heißt fruchtbar?***
- ***Wann mußtest du dich zum erstenmal rasieren?***

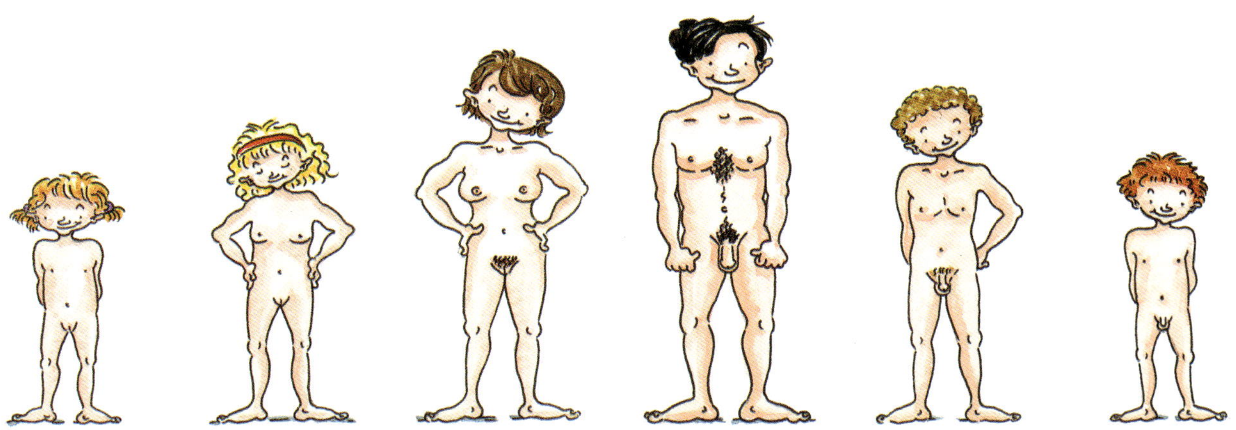

6–7 Jahre Mädchen sind flachbrüstig, ohne Körperhaare. Eine »Taille« fehlt noch.

10–11 Jahre Bei vielen Mädchen beginnt die Entwicklung der Brüste, und die Schamhaare wachsen.

14–15 Jahre Der Körper zeigt rundliche Formen; Brüste, Scham- und Achselhaar sind ausgebildet.

15–17 Jahre Die Schultern sind breiter geworden, die Geschlechtsteile größer. Der Bart sprießt.

12–14 Jahre Die Zeit des Stimmbruchs. Scham- und Achselhaar beginnt zu wachsen.

6–7 Jahre Jungen und Mädchen mit gleicher Figur. Penis und Hoden sind klein und unbehaart.

Siehe auch *Wo komme ich her? S. 12 • Was ist Sex? S. 18 • Was ist eine Periode? S. 28 • Was ist Selbstbefriedigung? S. 32*

2–4 JAHRE

Kinder unter vier stellen diese Frage nur selten, es sei denn, sie haben das Wort irgendwo aufgeschnappt. Bringt es ein frühreifer Dreieinhalbjähriger zur Sprache, orientieren Sie sich bei Ihren Antworten an denen für die Vier- bis Sechsjährigen.

4–6 JAHRE

Die Pubertät ist die Zeit, in der aufregende Veränderungen mit deinem Körper vor sich gehen und du allmählich erwachsen wirst.

Mädchen bekommen einen Busen, Jungen eine tiefere Stimme und beide manchmal Pickel. Aber bis du in die Pubertät kommst, vergeht viel Zeit.

6–8 JAHRE

In die Pubertät kommst du mit ungefähr dreizehn. Du wirst dann richtig groß, und dein Körper verändert sich. Mädchen bekommen Brüste und ihre monatliche Periode, das heißt, ihr Körper bereitet sich darauf vor, einmal ein Baby auf die Welt zu bringen. Außerdem wachsen ihnen Haare unter den Armen und zwischen den Beinen. Jungen bekommen breitere Schultern und mehr Muskeln. In ihren Hoden entwickeln sich Samen, und um den Penis, unter den Armen, auf den Beinen und der Brust wachsen Haare. Auch Barthaare wachsen, und sie müssen sich rasieren. Außerdem wird ihre Stimme tiefer, wie die von Papa/meine.

8–11 JAHRE

In der Pubertät wächst du sehr schnell, innerlich wie äußerlich. Bei Mädchen fängt sie meistens ein paar Jahre früher an als bei Jungen. Bestimmte chemische Stoffe im Körper, die Hormone, führen dazu, daß bei Mädchen die Taillen schmaler und die Hüften breiter und runder werden. Außerdem wachsen ihnen Brüste, und wenn sie so um die zwölf, dreizehn sind, setzt ihre monatliche Periode ein. Von da an sind sie fruchtbar oder geschlechtsreif – das heißt, sie können Babys bekommen. Bei Jungen bewirken die Hormone, daß sich ihre Muskeln ausprägen und die Schultern breiter werden. Außerdem haben sie Erektionen und feuchte Träume. Penis und Hoden werden größer. All dies sind Anzeichen dafür, daß sie Samen produzieren, geschlechtsreif werden und Kinder zeugen können. Mit dreizehn oder vierzehn kommen sie in den Stimmbruch, der ihre Stimme tiefer macht, und mit sechzehn oder so fangen sie an, sich zu rasieren. Bei Jungen und Mädchen wachsen Haare zwischen den Beinen und in den Achselhöhlen, und manchmal kriegen sie Pickel. Und alle schwitzen viel mehr als vorher, deshalb ist es ganz gut, wenn sie öfter mal duschen oder baden. Während der Pubertät sind Jungen und Mädchen manchmal etwas launisch – kein Wunder, wenn man bedenkt, was für aufregende Dinge mit ihnen vorgehen!

»Mit sechzehn muß ich mich rasieren, mit vierzehn komme ich in den Stimmbruch. Wie Papa.«

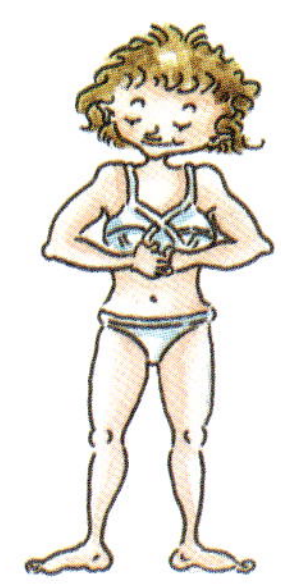

»Mit zwölf brauche ich vielleicht schon meinen ersten BH. Wie Mama.«

F Was ist eine Periode?

- *Warum blutest du / blutet Mama?* • *Dauert die Periode lange?*
- *Wieso haben Jungen keine Periode?* • *Hört das auch wieder auf?*
- *Wann kriege ich meine erste Periode?* • *Was heißt Menstruation?*

Fragen Ihrer Kinder über die Menstruation sollten positiv beantwortet werden. Kleinkinder setzen Blut mit Wunden und Schmerz gleich, deshalb muß man ihnen klarmachen, daß die Monatsregel ein normaler Vorgang ist. Auch Jungen sollten darüber aufgeklärt werden, wenngleich Mädchen natürlich genauere Informationen brauchen.

Was steckt hinter dieser Frage?

Schon Siebenjährige unterhalten sich manchmal über die Monatsblutung, und es kommt vor, daß Jüngere das Wort aufschnappen. Mein Sohn war vier, als er mich fragte, was eine »Pirode« sei – er hatte gehört, wie ich mit meinem Mann darüber sprach. Für viele Kinder ist das Thema mit Heimlichtuerei verbunden, als ginge es um etwas Schmutziges und Ekelhaftes. Das liegt daran, daß viele Erwachsene die Monatsblutung tabuisieren. Es kann daher durchaus sein, daß Ihnen die Beantwortung der Fragen schwerfällt.

Wichtig ist, daß Sie die Fragen Ihres Kindes offen beantworten, egal, wie klein es noch ist. Kinder reagieren rasch auf Anzeichen mangelnder Gesprächsbereitschaft. Das Thema kommt gewöhnlich zur Sprache, wenn ein Kind im Badezimmer auf Tampons oder Monatsbinden stößt oder wenn ihm Blutflecken in Ihrer Unterwäsche auffallen. Der Anblick von Menstruationsblut kann kleinere Kinder erschrecken, weil sie denken, Mama habe sich verletzt. Ihnen sollte sofort erklärt werden, daß das alles natürlich und normal ist.

Monatsbinde
am besten, wenn die Periode regelmäßig kommt

Tampon mit Applikator
wird von Teenagern anfangs bevorzugt

Tampon
innerlich zu tragen, gut bei sportlichen Aktivitäten

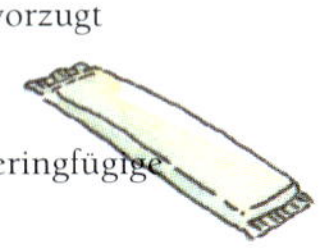

Mini-Binde
geeignet für geringfügige Blutungen

Richtlinien für Ihre Antworten

Mädchen müssen darauf vorbereitet sein, daß ihre Periode irgendwann zwischen dem zehnten und fünfzehnten Lebensjahr einsetzen wird.

Sie sollten auch wissen, daß das Blut eher bräunlich als rot aussehen kann, daß die ersten Blutungen unregelmäßig kommen und daß sie dabei Bauchschmerzen bekommen können, die sich aber mit Schmerzmitteln leicht bekämpfen lassen.

Jungen gegenüber sollte betont werden, daß Mädchen und Frauen, die ihre Periode haben, Rücksicht verdienen. Erklären Sie ihnen, daß »die Tage« mit Schmerzen verbunden sein können, die sich manchmal auch auf die Stimmung auswirken. Hüten Sie sich vor negativen Aussagen wie »Da geht's mir immer miserabel.« oder »Das ist der Fluch der Frauen.« Machen Sie Ihren Kindern klar, daß die Periode zum Leben gehört und daß eventuelle Schmerzen bald vorübergehen.

Was Sie ausserdem wissen sollten

Mädchen, die unvorbereitet ihre erste Periode bekommen – und das sind auch heute noch sehr viele –, können einen schweren Schock davontragen. Sie glauben, sie wären krank oder – noch schlimmer – sie müßten sterben. Das Verhältnis zur eigenen Sexualität kann gestört werden, und später kann es zu Beziehungsproblemen kommen.

Sie helfen Ihrer Tochter, wenn Sie sie rechtzeitig auf die Periode vorbereiten – ein guter Termin ist etwa das Alter, in dem Sie selbst (also die Mutter) die erste Blutung hatten.

Wenn Ihre Tochter zehn Jahre alt ist, sollten Sie ihr den Gebrauch von Tampons und Binden erklären.

Fragen, Fragen, Fragen ...

- ***Merken andere Leute, wenn du die Periode hast?***
- ***Wie stoppst du die Blutung?***
- ***Tut das weh?***
- ***Wozu sind Tampons da?***
- ***Kann ich Sport treiben, wenn ich meine Periode habe?***

Siehe auch *Wo komme ich her? S. 12* • *Was ist eine Scheide? S. 20* • *Was heißt Pubertät? S. 26*

2–6 JAHRE

Eine Periode ist die Zeit, wenn Mama blutet und daran erinnert wird, daß sie ein Baby bekommen kann. Das passiert einmal im Monat und dauert ein paar Tage. Mach dir keine Sorgen.

6–8 JAHRE

Periode, Menstruation, Monatsblutung oder Regel sind verschiedene Wörter, die alle dasselbe bedeuten: Ungefähr alle 28 Tage bekommt jede Frau von ihrem Körper gezeigt, daß sie ein Baby kriegen kann, also fruchtbar ist. Die Periode setzt meistens ein, wenn ein Mädchen in die Pubertät kommt. Viele Veränderungen im Körper bereiten es darauf vor, daß es eines Tages Babys bekommen kann. Das Regelblut fließt jeden Monat ein paar Tage lang aus der Scheide.

Die Monatsblutung ist etwas Normales und bleibt meist nur dann aus, wenn eine Frau ein Baby erwartet. Während der Periode tragen die Frauen eine Binde in ihren Höschen. Damit fangen auch die meisten Mädchen an. Später benutzen sie oft Tampons, die sie sich in die Scheide stecken. Wie das geht, zeigen ihnen ihre Mütter, ältere Schwestern und Freundinnen oder eine Arzthelferin.

8–11 JAHRE

Das Einsetzen der Periode oder Menstruation beim Mädchen bedeutet, daß einmal im Monat die Hormone in den Eierstöcken den Körper auf eine mögliche Schwangerschaft vorbereiten, obwohl es dazu natürlich nicht immer kommt. Die meisten Frauen wollen erst mit Ende zwanzig ein Baby haben. Eines dieser Hormone heißt Östrogen und macht die Gebärmutterwand dick und widerstandsfähig, damit ein Baby gut geschützt ist. Wird die Frau nicht schwanger, braucht sie das nicht mehr, und die Gebärmutter stößt die Verdickung ab und blutet. Wenn sie damit aufhört, fängt der ganze Kreislauf oder Zyklus von vorne an. Jungen und Männer kriegen keine Periode, weil sie keine Gebärmutter haben. Ob eine Frau oder ein Mädchen die Periode hat, kann außer ihnen niemand wissen, und sie können alles tun, was sie sonst auch machen. Sie können Sport treiben und sogar schwimmen, wenn sie alt genug für Tampons sind. Binden und Tampons sind ganz bequem und stören überhaupt nicht. Du mußt bloß immer dran denken, sie rechtzeitig zu wechseln. Manche Mädchen kriegen Bauchweh, wenn ihre Periode kommt, aber das dauert nicht lang. Die Periode hört auf, wenn Frauen um die fünfzig sind, weil dann die Hormone, die sie in Gang setzen, nicht mehr produziert werden.

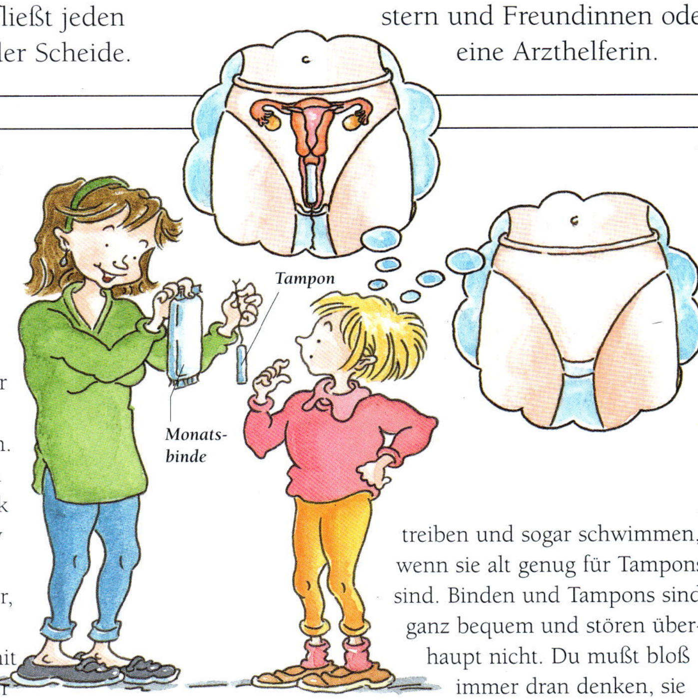

F Was ist Verhütung?

- *Wieso kriegst du nicht jedesmal nach dem Sex ein Baby?*
- *Wie kannst du das vermeiden?* • *Was ist die »Pille«?*
- *Was ist ein Kondom / Pariser / Gummi?* • *Was heißt »Safer Sex«?*

Von Kindern unter sechs sind Fragen zur Verhütung nicht zu erwarten. Nach der Einschulung kann es aber durchaus vorkommen, daß ein älteres Kind auf dem Pausenhof oder sonstwo mit einem Kondom herumalbert. Wichtig ist auch hier Offenheit, denn exakte Informationen über Verhütungsmethoden stellen die Weichen für Ihr Kind schon lange, bevor es sexuell aktiv wird. Dieses Wissen ermutigt zu verantwortlichem Sexualverhalten.

Was steckt hinter dieser Frage?

Wenn Ihr Kind Fragen zur Verhütung stellt, ist anzunehmen, daß es bereits einiges über Sex weiß. Das eine oder andere davon mag zutreffen, vielfach handelt es sich aber auch um Halbwahrheiten, die es beim Spielen irgendwo aufgeschnappt hat – fast mit Sicherheit sind dies grobe Übertreibungen und ganz bestimmt Dinge, die es nicht versteht. Voraussetzung dafür, daß Ihr Kind begreifen kann, was Verhütung ist, sind Grundkenntnisse über Sexualität und Fortpflanzung an sich. Stellen Sie durch Gegenfragen fest, was es schon weiß: »Wo hast du davon gehört?« oder »An welche Verhütungsmethoden hast du gedacht?« Werden Fragen zu bestimmten Methoden gestellt, fragen Sie zurück: »Hast du schon mal einen Gummi gesehen?«, »Hat heute jemand mit dir über Kondome gesprochen?« oder »Was weißt du über Safer Sex?« So erfahren Sie, wie das Kind auf die Frage gekommen ist, und lernen seinen aktuellen Wissensstand kennen.

Richtlinien für Ihre Antworten

Ein bestimmtes Alter, in dem Kinder Informationen zur Verhütung brauchen, gibt es nicht – das hängt allein von Ihrem Kind ab. Eine Tochter, die sich ihrer Sexualität bereits bewußt ist, braucht vielleicht eher Aufklärung als ein schüchterner Sohn – oder umgekehrt. Kleinere Kinder stellen Ihnen die oben genannten Fragen sicher nicht. Eher kommen sie im Gespräch über andere Themen – etwa darüber, woher die Babys kommen – darauf zu sprechen. Weichen Sie Fragen zur Verhütung nicht aus – und glauben Sie nicht, Aufklärung rege zu sexuellen Aktivitäten an. Das Gegenteil ist der Fall. Zeigen Sie Ihrem Kind die verschiedenen Verhütungsmittel. Die folgenden Illustrationen können dabei helfen, doch es ist allemal besser, die Gegenstände selbst zu zeigen. Oder versprechen Sie dem Kind, daß Sie es später tun werden. Halten Sie Ihr Versprechen dann aber auch ein!

Kondom *(Gummi)*
Paßt über den aufgerichteten Penis

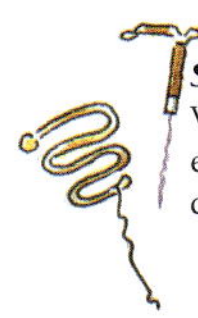

Spirale
Wird in die Gebärmutter eingesetzt und verhindert die Einnistung des Eis

Diaphragma
Wird in den Scheideneingang eingesetzt

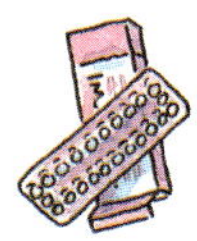

Anti-Baby-Pille
Hormone verhindern, daß ein Ei heranreift

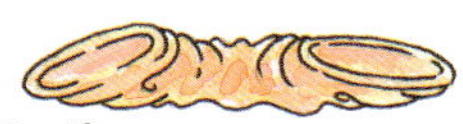

Femidom
Kondom für Frauen

Was Sie ausserdem wissen sollten

Es ist nicht einzusehen, warum Sie Kindern über acht nicht vorführen sollten, wie ein Kondom funktioniert. Machen Sie ein Spiel daraus – blasen Sie es auf wie einen Luftballon. Das verhindert Geheimniskrämerei um ein Thema, über das sich Kinder oft ohne die erforderlichen Informationen unterhalten.

Bei einem Gespräch über Verhütung sollten auch die unerfreulichen Folgen des Geschlechtsverkehrs zur Sprache kommen: ungewollte Schwangerschaft, Aids, Herpes und andere Krankheiten, die beim Sex übertragen werden können.

Fragen, Fragen, Fragen ...

- *Wie funktionieren Verhütungsmittel?*
- *Wie zieht man ein Kondom über?*
- *Gibt's auch Gummis für Mädchen?*
- *Wo kriegt man Verhütungsmittel?*
- *Was passiert, wenn du die Pille nicht nimmst?*

Siehe auch *Wo komme ich her? S. 12* • *Was ist Sex? S. 18* • *Was ist eine Scheide? S. 20* • *Was ist ein Penis? S. 22*

2–6 JAHRE

Leute, die sich liebhaben, so wie Mama und Papa, benutzen Verhütungsmittel. Sie wollen nämlich kein Baby bekommen, bevor sie nicht wirklich bereit dazu sind.

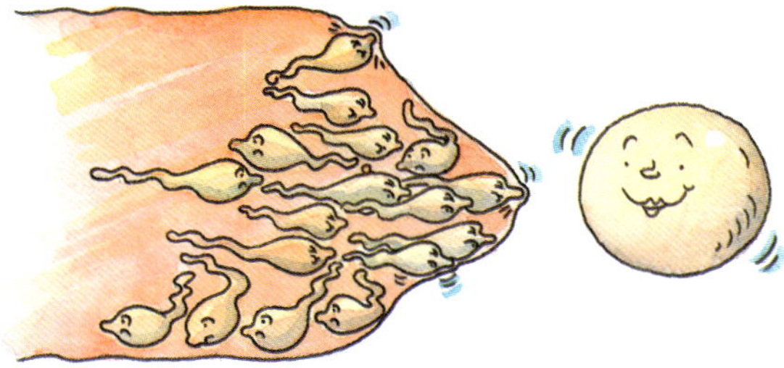

6–8 JAHRE

Ein Verhütungsmittel verhindert, daß ein Baby entsteht, wenn eine Frau und ein Mann Sex miteinander haben. Es gibt eine ganze Menge davon, manche für Frauen, manche für Männer, und alle funktionieren anders. Die am häufigsten benutzten Verhütungsmittel sind die Pille und Kondome. Eine Frau kann jeden Tag die Pille nehmen, die sie vom Arzt bekommt. Die verhindert, daß ein Ei aus dem Eierstock kommt (Eisprung). Nimmt die Frau die Pille nicht mehr, könnte schon im nächsten Monat ein Baby entstehen. Ein Paar, das kein Baby haben will, muß dann andere Verhütungsmittel benutzen. Wenn sein Penis steif ist, kann sich der Mann ein Kondom über seinen Penis ziehen, das dann die Spermien auffängt, so daß sie nicht in die Scheide der Frau geraten. Kondome verhindern auch, daß man sich beim Sex mit Krankheiten ansteckt. Wenn der Mann ein Kondom benutzt, sind beide Partner auch vor schlimmen Krankheiten wie Aids sicher.

8–11 JAHRE

Verhütungsmittel schützen vor einer Schwangerschaft. Deshalb *müssen* sie von Männern und Frauen, die Sex miteinander haben, aber kein Baby wollen, benutzt werden. Andere Möglichkeiten gibt es nicht. Ein Paar, das sich liebt, trägt gemeinsam die Verantwortung für die Verhütung, und meistens entscheiden beide zusammen, welches Mittel sie benutzen. Eine Frau kann jeden Tag die Anti-Baby-Pille nehmen, oder sie läßt sich von der Ärztin eine Spirale in die Gebärmutter einsetzen, damit kein Baby entsteht. Sie kann auch selber eine Gummischeibe, die Diaphragma heißt, in ihre Scheide einsetzen, damit keine Spermien in die Gebärmutter vordringen. Männer können Kondome benutzen, die das Sperma auffangen, bevor es in die Scheide der Frau gerät. Sie schützen auch vor Ansteckung mit bestimmten Krankheiten. Kondome werden in Apotheken und Drogerien, aber auch in anderen Läden und an Automaten verkauft. Die meisten anderen Verhütungsmittel läßt man sich vom Arzt verschreiben oder von der Familienberatung empfehlen, an die man sich jederzeit wenden kann. Aber auch Mama und Papa sprechen mit dir jederzeit darüber, wenn du willst.

• *Was ist eine Periode? S. 28* • *Was ist Aids? S. 92*

F Was ist Selbstbefriedigung?

• Darf ich mich selbst da unten anfassen? • Befriedigst du dich auch selbst? • Was ist gegenseitige Masturbation? • Was bedeutet »an sich herumspielen«? • Was heißt »wichsen«?

Das Thema Masturbation gehört für viele Eltern zu den schwierigsten von allen. Das liegt oft an der persönlichen Haltung. Ihr Kind hat ein Recht auf eine unbefangene Einstellung dazu. Wenn Sie sich selbst klarmachen, daß Selbstbefriedigung normal, nützlich und unschädlich ist, können Sie die Vorurteile überwinden, mit denen das Thema immer noch befrachtet ist.

Was steckt hinter dieser Frage?

Ihr Kind schnappt das Wort irgendwo auf und fragt sich, was es bedeutet. Oder es hört die verschiedensten Gruselgeschichten, zum Beispiel, daß Selbstbefriedigung etwas Schmutziges sei, daß man davon krank würde usw. Die meisten dieser Legenden stammen von besorgten Erwachsenen, denen die Vorstellung, daß sich schon relativ kleine Kinder sexuell stimulieren, ein Greuel ist. Wenn Ihr Kind fragt, was »sich anfassen« oder »an sich herumfummeln« heißt, dann liegt das meist daran, daß es deswegen getadelt oder davor gewarnt wurde.

Richtlinien für Ihre Antworten

Die Frage ist für viele Eltern deshalb so vertrackt, weil sie in ihrer eigenen Kindheit falsch informiert wurden. Selbstbefriedigung ist nichts Schlechtes, sondern gehört zum normalen Prozeß des Erwachsenwerdens dazu; behandeln Sie das Thema also entsprechend und ersparen Sie Ihrem Kind ein schlechtes Gewissen. Sehen Sie darüber hinweg, wenn Ihr Kind masturbiert, und beantworten Sie Fragen einfach und sachlich. Bestätigen Sie es – »Ja, es macht Spaß, mit dem Penis herumzuspielen« –, aber setzen Sie Grenzen: »So etwas tun wir nur, wenn wir allein sind.« Masturbiert Ihr Kind selbstvergessen in der Öffentlichkeit, gehen Sie damit um wie mit einer Unhöflichkeit: »Laß das besser bleiben, das ist anderen unangenehm.« Bis zum Alter von fünf Jahren berühren sich Kinder fast immer völlig arglos. Achten Sie aber darauf, daß kein Kind in die Rolle des unfreiwilligen Opfers gerät und daß sich die Kleinen keine Gegenstände in den Körper stekken. Ausnahmen bilden Kinder, die in frühestem Alter mißbraucht wurden. Erzählt Ihnen ein Kind, daß es von einem wesentlich älteren Kind oder einem Erwachsenen berührt wurde, so ist dies ein Alarmzeichen. Lassen Sie sich berichten, was passiert ist, und bleiben Sie fortan auf der Hut, wenn das Kind mit der betreffenden Person zusammen ist.

Was Sie außerdem wissen sollten

Etwa vom vierten Monat an erforschen Babys ihre Genitalien. Das ist Teil einer kontinuierlichen Entwicklung, und von sich aus hören Kinder nicht damit auf. Erst wenn sie älter werden, merken sie, daß die Berührung der Geschlechtsteile mit Lustempfindungen verbunden ist. Die Masturbation von Kleinkindern hat aber nichts mit Sex in unserem Verständnis zu tun, sondern entspringt dem Wunsch, sich selbst zu erforschen und zu verstehen. Da die Berührung der eigenen Genitalien für Kinder normal und natürlich ist, wundern Sie sich nicht, wenn sie auf Vorwürfe ablehnend reagieren. Selbstbefriedigung ist weder »schmutzig« noch »krankhaft«. Das einzige, was dem Kind schadet, ist Ihre negative Reaktion darauf. Selbstbefriedigung ist ein gesunder und natürlicher Spannungslöser. Sorgen darüber würde ich mir nur dann machen, wenn ein Kind sich gewohnheitsmäßig selbst befriedigt, um einer als schlimm empfundenen Welt zu entfliehen. Solche Kinder brauchen Hilfe in Form von Zuwendung und Liebe. Mit Vorwürfen und Strafen ist ihnen nicht geholfen.

Fragen, Fragen, Fragen ...

- ***Darf Susanne meinen Penis anfassen?***
- ***Darf Richard mich auch da unten anfassen?***
- ***Ist Selbstbefriedigung was Schlimmes?***
- ***Machen das alle Menschen?***
- ***Warum richtet sich mein Penis auf, wenn ich ihn festhalte?***

Siehe auch *Was ist Sex? S. 18 • Ist Sex was Schönes? S. 34 • Darf ich mit Fremden reden? S. 76*

2–4 JAHRE

Kinder unter vier werden diese Frage nur selten stellen, denn sie halten es für selbstverständlich, wenn sie ihren Körper erforschen. Bringt ein aufgewecktes Kind von dreieinhalb das Thema zur Sprache, orientieren Sie sich bei Ihren Antworten an jene für Vier- bis Sechsjährige.

4–6 JAHRE

Es macht nichts, wenn du dich anfaßt, aber am besten tust du das, wenn du allein bist. *Für Jungen*: Eva ist erst vier, deshalb macht es nichts, wenn sie deinen Penis anfaßt, solange du nichts dagegen hast. *Für Mädchen*: Es ist nicht schlimm, wenn Tim dich anfaßt, solange es dich nicht stört. Er ist ja erst drei. Aber wenn er dich innen berührt, mußt du's mir sagen.

6–8 JAHRE

Es ist nicht schlimm, wenn du dich anfaßt. Fast alle tun es – Jungen, Mädchen und Erwachsene, denn es macht Spaß. Es gibt Leute, die sagen, man darf das nicht. Das ist falsch. Aber wir tun es nur, wenn wir allein sind. Das richtige Wort dafür ist Selbstbefriedigung oder Masturbation. Wir alle tun es manchmal; es ist ganz normal.

8–11 JAHRE

Selbstbefriedigung und Wichsen sind ein und dasselbe – nur ist Wichsen ein unanständiges Wort. Es bedeutet, daß ein Mädchen seine Klitoris oder ein Junge seinen Penis streichelt oder reibt – und das ist normal. Es fühlt sich gut an, und deshalb tun es die meisten Leute, auch Erwachsene. Es ist nicht schlecht für dich, und es passiert dir dabei auch nichts, aber man tut es nur, wenn man allein ist. Du wirst weder taub noch blind noch kriegst du Pickel davon. Sag denen, die dir das erzählt haben, daß das alles Quatsch ist und einfach nicht stimmt. Manchmal wird einem Jungen der Penis oder einem Mädchen die Klitoris von ganz allein steif, und dann ist es ganz natürlich, daß man sich da streicheln will, denn schließlich ist das ein tolles Gefühl. Aber es ist genauso gut, wenn du dich da unten lieber nicht anfassen willst. Später, wenn ihr etwas älter seid, bekommt ihr vielleicht einen Orgasmus dabei. Jungen ejakulieren dann, das heißt, der Samen kommt aus ihrem Penis raus. Ein Orgasmus ist was ganz Aufregendes, ein Gefühl, das den ganzen Körper ergreift. Danach bist du vielleicht ein bißchen müde.

F Ist Sex was Schönes?

- *Was ist eine Ejakulation?* • *Was ist ein Orgasmus?*
- *Hast du jedesmal einen Orgasmus?* • *Ejakulieren Mädchen auch?*
- *Haben alle Leute einen Orgasmus?* • *Was heißt »kommen«?*

Je älter und klüger Kinder werden, desto mehr bohrende Fragen stellen sie, vor allem, wenn sie im Freundeskreis Vulgärausdrücke über Sex zu hören bekommen. Diese Fragen offen und exakt zu beantworten, wird Ihnen vielleicht nicht immer leichtfallen, weil sie Ihre eigene Intimsphäre berühren. Ihren Kindern zuliebe sollten Sie aber versuchen, sachlich damit umzugehen.

Was steckt hinter dieser Frage?

Solche Fragen kommen hauptsächlich von älteren Kindern. Akzeptieren Sie, daß Ihr Kind, wenn es erst einmal Antworten darauf haben will, schon einiges mitbekommen hat. Es sucht gute, solide und korrekte Informationen, sonst nichts. Jedes Kind, das solche Fragen stellt, kann auch mit präzisen Angaben zum Geschlechtsverkehr umgehen – und es ist tatsächlich so, daß sich diese Fragen oft aus früheren Gesprächen ergeben. Ihr Kind beweist Ihnen sein Vertrauen, indem es Ihnen weitere Fragen zum Thema Sex stellt.

Richtlinien für Ihre Antworten

Drücken Sie sich nicht vor der Antwort. Sie enttäuschen Ihr Kind nur, wenn Sie Ausreden bringen wie: »Ich weiß nicht, wie ich das beschreiben soll – mir fallen nicht die richtigen Worte dafür ein.« In Wirklichkeit brauchen Sie gar kein kompliziertes Vokabular. Es geht auch einfach und verständlich.

Zwar sind es meistens ältere Kinder, die diese Fragen stellen, doch es kommt auch schon mal vor, daß ein Vier- oder Fünfjähriger ein Wort wie »Orgasmus« aufschnappt und nach seiner Bedeutung fragt. In diesem Alter genügen, wie bei allen Fragen zur Sexualität, die einfachsten Erklärungen.

Selbst für ein gut aufgeklärtes elfjähriges Kind kann die eine oder andere Information ein wenig schockierend sein. Achten Sie daher auf Anzeichen von Beunruhigung, und versichern Sie ihm, daß ihm alles eines Tages ganz normal und natürlich erscheinen wird, es aber wahrscheinlich noch eine Weile dauern wird, bis es diese Dinge selbst erlebt.

Halten Sie sich an einfache, sachliche, nicht wertende Aussagen, als sprächen Sie über das Wetter. Prüfen Sie nach, ob Sie auf dem richtigen Weg sind, indem Sie Rückfragen stellen: »Habe ich damit deine Frage beantwortet?« Auf diese Weise ersparen Sie sich lange und nutzlose Vorträge.

Was Sie ausserdem wissen sollten

Ich käme mir unaufrichtig vor, wenn ich Ihnen keine Hilfestellung zur Beantwortung dieser und ähnlicher Fragen gegeben hätte. »Was heißt 69?« habe ich nur für alle Fälle noch mit aufgenommen. Wenn es Ihnen unangenehm ist, sollten Sie diese Themen nicht von sich aus ansprechen, doch wenn Ihr Kind Sie damit konfrontiert, nutzen Sie die Antworten. Sie werden sie bestimmt nicht alle brauchen.

Einfache und offene Antworten, wie ich sie vorschlage, sind nicht schlüpfrig oder dergleichen. Je besser Ihr Kind informiert ist, desto sicherer wird es durch die bewegten Wasser der Pubertät steuern. Kinder, die von ihren eigenen Eltern aufgeklärt werden, haben es leichter, später verantwortungsvoll zu handeln. Sie besitzen die Stärke, auch mal Nein zu sagen (und das nicht nur zum Sex). Sie, die Eltern, sollten daher ihren Wissensdurst befriedigen und dabei betonen, daß sowohl die sexuellen Freuden als auch die Verantwortlichkeiten von den jeweiligen Partnern geteilt werden. Kinder müssen wissen, daß man Menschen nicht benutzen darf.

Fragen, Fragen, Fragen ...

- ***Was heißt »jemandem einen blasen«?***
- ***Was ist gegenseitige Masturbation?***
- ***Was heißt »69«?***
- ***Bekommen Jungen/Mädchen auch schon einen Orgasmus?***
- ***Was ist analer Sex?***
- ***Haben Männer auch oralen Sex mit Frauen?***

Siehe auch *Was ist Sex? S. 18* • *Was ist Selbstbefriedigung? S. 32*

2–6 JAHRE

Kinder unter sechs stellen diese Frage sicher nicht. Schnappen sie dennoch einmal das eine oder andere Wort auf und wollen wissen, was es bedeutet, so sagen Sie einfach: »Ein Orgasmus ist ein ganz tolles Gefühl, das tief in deinem Körper anfängt. Es macht sehr viel Spaß.«

6–8 JAHRE

Einen Orgasmus bekommt man, wenn man seine Klitoris oder seinen Penis berührt und gestreichelt hat. Es ist ein sehr schönes Gefühl. Du selber wirst das erst erleben, wenn du so um die dreizehn oder vierzehn bist. Männer und Frauen haben dieses Gefühl, wenn sie Geschlechtsverkehr haben und einander besonders lieb haben. Aber dieses gemeinsame Erlebnis hat man erst, wenn man erwachsen ist – mindestens siebzehn oder achtzehn.

8–11 JAHRE

Beim Orgasmus empfindet ein Mädchen tolle Lustgefühle in seiner Klitoris und seiner Vagina und ein Junge in seinem Penis. So ab dreizehn können sich Mädchen und Jungen selber zum Orgasmus bringen. Normalerweise ist das der Höhepunkt des Geschlechtsverkehrs. Erwachsene können sich auch durch gegenseitige Masturbation oder durch Lecken und Saugen an der Klitoris oder am Penis zum Orgasmus bringen. Tun sie das gleichzeitig, nennt man es »69«, weil sie verkehrtherum aufeinander liegen. Jungen und Männer kommen beim Geschlechtsverkehr leicht zum Orgasmus, beinahe jedesmal. Bei Mädchen und Frauen ist das nicht so einfach. Wenn ein Paar kein Baby, aber doch Spaß miteinander haben will, kann es masturbieren oder oralen Sex haben. Dabei geraten keine Spermien in die Scheide, so daß die Frau nicht schwanger werden kann. Auch zwei Frauen oder zwei Männer können das miteinander machen.

Analer Sex heißt, daß der Penis in den Po gesteckt wird. Bei jeder Art von Liebesspiel soll man Rücksicht aufeinander nehmen und liebevoll und zärtlich miteinander umgehen.

F »Der ist schwul!« – Was heißt das?

- *Was ist ein Homosexueller?* • *Werd' ich auch mal homosexuell?*
- *Woran erkennt man, ob jemand homosexuell ist?*
- *Warum sind manche Menschen homosexuell?* • *Was ist eine Lesbe?*

Kinder haben überhaupt keine Probleme, verschiedenartige Partnerbeziehungen zwischen Erwachsenen in ihrem Bekanntenkreis zu akzeptieren, aber natürlich machen die Unterschiede sie neugierig. Beantworten Sie Fragen über homosexuelle Beziehungen mit der gleichen Klarheit und Offenheit wie beim heterosexuellen Sex. Sie beugen damit von Anfang an Vorurteilen oder Mißverständnissen vor.

Was steckt hinter dieser Frage?

Hinter Fragen dieser Art steckt meist gar nichts. Ihr Kind ist bloß wissensdurstig. Ebensogut könnte es fragen: »Was ist ein Optiker ... ein Buchhalter ... ein Sprinter?« Allerdings sollten Sie herausfinden, ob Ihr Kind diese Ausdrücke in einem negativen Kontext bringt oder ob sich jemand vor ihm über Schwule lustig gemacht hat. Fragt Ihr Kind nach der Bedeutung eines Vulgärbegriffs für Homosexuelle, so war dies mit Sicherheit der Fall. Dann müssen Sie das Vorurteil, das Ihr Kind unwissentlich aufgeschnappt hat, korrigieren.

Richtlinien für Ihre Antworten

Fragen Sie Ihr Kind, wo es diese Ausdrücke gehört hat, denn seine Frage ist ein hervorragender Anlaß für eine kleine Lehrstunde in Toleranz. Sie können ihm sagen, daß Homosexuelle sich nicht von anderen Leuten unterscheiden, müssen aber aufpassen, daß Sie damit Menschen anderer Rasse, Hautfarbe oder Religion nicht indirekt abwerten. Betonen Sie, daß diese Eigenschaften niemals ein Grund dafür sein dürfen, andere Menschen zu mißhandeln oder zu unterdrücken. Vorschulkinder stellen nur selten Fragen zur Homosexualität, denn selbst dann, wenn ihnen Begriffe wie »schwul« zu Ohren kommen, können sie damit gar nichts anfangen.

Bei Kindern unter acht ist eine Erläuterung homosexueller Praktiken unnötig. Sie haben schon genug damit zu tun, die Sexualpraktiken Heterosexueller und die Grundbegriffe der menschlichen Fortpflanzung zu begreifen. Legen Sie, wie in allen Aufklärungsgesprächen, auch bei diesem Thema die Betonung auf Liebe, Gefühle und gegenseitige Achtung.

Was Sie ausserdem wissen sollten

Bis heute können wir nicht voraussagen, ob sich ein Mensch zum Homosexuellen entwickelt und damit zur gleichgeschlechtlichen Liebe hingezogen fühlt, oder aber heterosexuell wird, das heißt, Beziehungen zum anderen Geschlecht sucht. Es ist ohne weiteres möglich, daß eines Ihrer Kinder homosexuell wird. Wenn Sie persönlich Homosexualität als anomal verteufeln, wird Ihr Kind sich künftig scheuen, mit so sensiblen Fragen an Sie heranzutreten. Dies gilt vor allem dann, wenn es sich – wie viele Homosexuelle behaupten – schon von Kindesbeinen an zum eigenen Geschlecht hingezogen fühlt. Wenn Ihr Kind das Vertrauen in Sie verliert und meint, es müsse alles allein bewältigen, besteht die Gefahr, daß es in große Schwierigkeiten gerät. In solchen Fällen haben es sich die Eltern selbst zuzuschreiben, wenn sie ihr Kind verlieren.

Fragen, Fragen, Fragen ...

- ***Was ist ein Homo oder ein Schwuli?***
- ***Kommt man schon als Schwuler auf die Welt?***
- ***Haben Homosexuelle auch Sex?***
- ***Können Homosexuelle heiraten?***
- ***Können Homosexuelle Kinder haben?***

Siehe auch *Was ist Sex? S. 18* • *Was ist Verhütung? S. 30* • *Was ist Aids? S. 92*

2–6 JAHRE

Es ist unwahrscheinlich, daß Kinder unter sechs Fragen zur Homosexualität stellen. Enge Freundschaften mit anderen Jungen/Mädchen sind für sie nichts Besonderes, und die sexuelle Orientierung Erwachsener fällt ihnen nicht auf. Spricht ein aufgeweckter Fünfjähriger das Thema an, halten Sie sich an die Antwort für Sechs- bis Achtjährige.

6–8 JAHRE

Ein homosexueller Mensch fühlt sich zu Menschen seines eigenen Geschlechts hingezogen. Ein homosexueller Mann liebt Männer, und eine Lesbierin – eine homosexuelle Frau – liebt Frauen. Homosexuelle Paare haben auch Sex miteinander. »Schwuler« oder »Lesbe« sind andere Bezeichnungen für Menschen, die sich in Menschen ihres eigenen Geschlechts verlieben. Der Wortteil »homo« stammt aus dem Griechischen und heißt »gleich«. Menschen, die sich in das andere Geschlecht verlieben, nennt man heterosexuell, weil »hetero« im Griechischen »anders« heißt. Für homosexuelle Männer gibt es eine ganze Reihe umgangssprachlicher Ausdrücke wie »Schwuchtel« oder »Tunte«, aber die benutzen wir lieber nicht. Für Lesbierinnen gibt es nicht so viele Ausdrücke. Es macht keinen Unterschied, ob man einen Menschen vom eigenen oder vom anderen Geschlecht liebt. Dies alles ist Liebe – und die braucht jeder von uns.

8–11 JAHRE

Warum die einen homosexuell sind und die anderen nicht, wissen wir noch nicht. Homosexuelle Frauen (Lesbierinnen) oder homosexuelle Männer können Geschlechtsverkehr miteinander haben, wenn sie verliebt sind. Männer küssen sich und schmusen und masturbieren gemeinsam, indem sie ihrem Partner den Penis streicheln oder ihm den eigenen Penis in den Po stecken. Lesbierinnen schmusen und küssen sich und masturbieren gemeinsam. Kinder bekommen sie nicht, doch kommt es gelegentlich vor, daß Lesbierinnen ein Baby von einem heterosexuellen Mann haben. Es gibt auch Menschen, die sich in Männer und in Frauen verlieben (Bisexuelle). Ob du mal homosexuell wirst, weiß ich nicht. Für uns beide würde sich dadurch nichts ändern, denn ich hätte dich dann genauso lieb wie jetzt. Homosexuelle brauchen, wie alle anderen Menschen, die Zuneigung ihrer Familie und Freunde. Manche Leute, die es nicht besser wissen, halten Homosexuelle für »abartig« und bezeichnen sie mit Ausdrücken wie »Tunte« oder »Schwuchtel«, aber die benutzt du besser nicht.

FRAGEN ÜBER DAS

Was heißt tot?

Gibt es auch nette Geister?

Was sind Gespenster?

Wann muß ich sterben?

Ist Gott ein Mann oder eine Frau?

Warum müssen manche Babys sterben?

UNGEWISSE

Fragen über schwierige Themen wie Sterben und Tod oder die Existenz Gottes stellen Eltern oft vor Probleme, und zwar vor allem dann, wenn sie selbst keine feststehenden religiösen Überzeugungen haben. Weichen Sie entsprechenden Fragen trotzdem nicht aus, wenn sie zur Sprache kommen. Bei religiösen Eltern wird sich der Glaube zweifellos in ihren Antworten widerspiegeln. Kinder werden aber auch andere Ansichten als die Ihren kennenlernen. Bemühen Sie sich daher um Toleranz und betonen Sie das Recht anderer Menschen auf eigene Meinungen und Überzeugungen. Unter dem Strich gesehen, empfinden Kinder es als beunruhigend, wenn ihre Fragen über die Existenz von Geistern oder Ungeheuern nur ausweichend beantwortet werden. Ihre Phantasie macht dann Überstunden und wartet mit »Erklärungen« auf, die wahrscheinlich viel beängstigender sind als die Wahrheit. Daher ist es klüger, so ehrlich und sachlich wie möglich zu bleiben und auf die Ängste Ihrer Kinder einzugehen. Vergessen Sie nicht: Die Fragen Ihrer Kinder sind niemals bedeutungslos oder oberflächlich. Hüten Sie sich also davor, Ihr Kind auszulachen oder seine Fragen mit einem Achselzucken abzutun. Nehmen Sie es ernst, aber halten Sie ihm keine langen Vorträge. Reagieren Sie auf Fragen und Sorgen sofort und versuchen Sie danach, das Kind auf andere Gedanken oder Aktivitäten zu bringen.

Was ist Gott?

Wo wohnt Gott?

RELIGION • DIE EXISTENZ GOTTES • IRRATIONALE ÄNGSTE

F Was passiert, wenn man stirbt?

- *Warum müssen Menschen und Tiere sterben?* • *Was heißt »tot«?*
- *Muß ich auch sterben?* • *Woher weiß man, ob jemand tot ist?*
- *Wo kommen Menschen hin, wenn sie tot sind?* • *Wann sterbe ich?*

Weil wir immer nur in gedämpftem Ton darüber sprechen, reagieren die meisten Kinder empfindlich auf das Thema Sterben und Tod. Oft sind Verwirrungen und Ängste die Folgen. Fragen darüber auszuweichen, hilft daher weder den Kindern noch den Eltern weiter. Mit möglichst offenen Gesprächen läßt sich auch der Tod eines Familienangehörigen am besten bewältigen.

Was steckt hinter dieser Frage?

Kleine Kinder können sich nicht vorstellen, daß das Leben einmal ein Ende hat. Schon die Andeutung dieser Möglichkeit löst eine Flut von Fragen aus, wobei die Kinder hauptsächlich an sich und ihre engsten Bezugspersonen denken. Die Angst, das eigene Leben oder das eines Familienmitglieds könnte mit einem Schlag zu Ende sein, kann sehr groß werden. Zur Familie zählen Kinder oft nicht nur die Verwandten, sondern alle diejenigen, die sie regelmäßig zu sehen bekommen. Meine Söhne waren drei und fünf Jahre alt, als sie einmal ihre »Familie« wie folgt beschrieben: »Mami, Papi, Oma, Opa, du, ich, Ollie und Barnie (ihre Brüder), Hazie (eine Tante), Oona und Slater (Cousins, die einmal in der Woche vorbeikamen), Frank (ein Onkel, der bei uns wohnte), Mary (unsere Putzfrau), Alfie und Beaux (die Hunde), Cinnamon (die Katze), Alain (der Gärtner), Jacky (unsere Sekretärin), Bob (der Mann von der Wäscherei)« – und so weiter. Wenn irgend jemand aus seiner »Großfamilie« krank oder verletzt ist, kann ein Kind sehr betroffen und ängstlich reagieren.

Richtlinien für Ihre Antworten

Beim Thema Sterben sollten Sie sich deutlich ausdrücken. Verwenden Sie keine Euphemismen wie: »Oma ist eingeschlafen.« Das könnte zur Angst vor dem Zubettgehen führen und sich in Schlafstörungen und Alpträumen niederschlagen. Sagen Sie auch nicht: »Opa ist von uns gegangen.« Wenn Opa nicht wiederkommt, verliert Ihr Kind sein Vertrauen in Sie.

Lassen Sie Ihre religiösen Überzeugungen einfließen, aber seien Sie auf kindliche Logik gefaßt, die sich in Bemerkungen äußern kann wie: »Wenn Gott uns liebhat, wieso läßt er dann unser Baby sterben?« Seien Sie aufrichtig, aber versuchen Sie, Ihre eigenen Gefühle unter Kontrolle zu halten, damit Ihr Kind nicht erschrickt. Das heißt nicht, daß Sie Ihren Kummer über einen schweren Verlust verbergen sollten. Ihr Kind darf ruhig wissen, warum Sie weinen. Erklären Sie ihm, daß Sie die verstorbene Person sehr vermissen, betonen Sie aber die schönen Erinnerungen, die Sie mit ihr verbinden.

Bringen Sie Beispiele aus der Erfahrenswelt des Kindes. Sprechen Sie von einem Vögelchen, das starb, weil es aus dem Nest gefallen war, oder vom Tod der Blätter im Herbst. Ihr Kind erkennt daran, daß alles Leben eines Tages endet, daß der Tod etwas Natürliches ist. Überprüfen Sie, ob Ihr Kind Sie verstanden hat; wiederholen Sie im Zweifelsfall Ihre Erklärung. Beim Tod eines Haustiers wollen Vorschulkinder meist nur wissen, was damit passiert ist. Eine kurze Antwort genügt.

Was Sie ausserdem wissen sollten

Es ist möglich, daß philosophische oder religiöse Begriffe Ihr Kind überfordern. Achten Sie daher darauf, religiöse Interpretationen des Todes in möglichst einfache Worte zu fassen, da Sie Ihr Kind sonst noch mehr durcheinanderbringen. Sagen Sie nicht, daß der Tod schmerzhaft sein kann. Das kann große Angst hervorrufen.

Fragen, Fragen, Fragen ...

- ***Mußte er sterben, weil er böse war?***
- ***Was ist eine Beisetzung / Einäscherung?***
- ***Was passiert mit den Toten im Sarg?***
- ***Wachen die Leute wieder auf, wenn sie gestorben sind?***
- ***Was wird aus mir, wenn du stirbst?***

Siehe auch *Warum sterben manche Babys? S. 42* • *Was ist Gott? S. 44* • *Was ist Aids? S. 92*

2–4 JAHRE

»Tot« heißt, daß ein Mensch oder Tier nicht mehr atmet und sich nicht mehr bewegt. Normalerweise sterben Menschen und Tiere erst, wenn sie schon sehr alt sind.

4–6 JAHRE

Wer stirbt – wie das Vögelchen, das wir gesehen haben –, kann nicht wiederkommen. Die meisten Menschen und Tiere spüren den Tod nicht. Ihr Herz hört auf zu schlagen oder sie hören auf zu atmen.

6–8 JAHRE

Niemand weiß, was passiert, wenn wir sterben, aber unser Körper funktioniert dann nicht mehr: Wir hören auf zu atmen, das Herz schlägt nicht mehr, die Muskeln arbeiten nicht mehr und das Gehirn hört auf zu denken. Die meisten Leute sterben, weil sie sehr alt sind und ihr Körper verbraucht ist. Dabei tut ihnen nichts weh; sie werden nur bewußtlos und sterben leise. Andere Menschen sterben an Krankheiten oder bei Unfällen. Wir wissen aber: Sie haben keine Schmerzen und Sorgen mehr, und das ist eigentlich schön. Ich werde wahrscheinlich erst sterben, wenn ich viel älter geworden bin. Du brauchst dir keine Gedanken darüber zu machen, denn bis dahin bist du längst erwachsen.

8–11 JAHRE

Du wirst eines Tages auch sterben, wie wir alle, aber das ist noch so lange hin, daß du dir jetzt keine Gedanken darüber zu machen brauchst. Sterben ist etwas Natürliches, und obwohl wir sehr traurig sind, wenn wir einen Menschen verlieren, den wir gern haben, müssen wir darauf vorbereitet sein, daß ältere Menschen wie Oma und Opa eines Tages sterben. Wir werden aber sie und all das Schöne, was wir mit ihnen erlebt haben, nicht vergessen. Wenn ein Mensch stirbt, wird seine Leiche in einen Sarg gelegt und auf dem Friedhof begraben. Niemand wacht im Sarg wieder auf, weil vorher ein Arzt überprüft, ob man auch wirklich gestorben ist. Manche Menschen bestimmen vor ihrem Tod, daß ihr Körper im Krematorium verbrannt und die Asche in einer Urne beigesetzt werden soll. Beisetzung ist ein anderer Ausdruck für Beerdigung oder Bestattung. Dabei nimmt man dann endgültig Abschied von dem Verstorbenen und erinnert sich an die schönen Zeiten, die man mit ihm erlebt hat.

F Warum sterben manche Babys?

• Was ist eine Fehlgeburt? • Was ist eine Totgeburt? • Was ist eine Abtreibung? • Wenn du hinfällst, stirbt dann das Baby? • Ist es schlimmer für das Baby, wenn es vor oder nach der Geburt stirbt?

Der Verlust eines Babys durch Fehl- oder Totgeburt ist tragisch für die Eltern. Die Geschwister haben aber oft Schwierigkeiten, die Trauer über ein Wesen, das sie gar nicht richtig kennenlernen konnten, zu verstehen. Sachliche Antworten auf die Fragen Ihrer Kinder können deren Ängste beseitigen und Ihnen selber bei der Bewältigung Ihres Kummers helfen.

Was steckt hinter dieser Frage?

Kinder aller Altersstufen wollen wissen, was mit ihnen geschah, als sie noch Babys waren. Sie interessieren sich sogar für Ereignisse aus der Zeit vor ihrer Geburt. Sie möchten auch wissen, was ihnen hätte zustoßen können, als sie noch kleiner waren. Ihr Kind wird Ihnen diese Frage allerdings kaum stellen – es sei denn, es hat von einer Fehl- oder Totgeburt im Bekanntenkreis gehört. Wenn Sie Ihrem Kind erzählt haben, daß Sie ein weiteres Baby erwarten und das Baby dann durch Fehl-, Tot- oder Frühgeburt verlieren, entspringen die Fragen Ihres Kindes der Angst, das könnte noch einmal passieren. Größere Kinder haben vielleicht auch schon einmal von Abtreibung gehört. Fragen danach sollten aufrichtig beantwortet werden.

Richtlinien für Ihre Antworten

Nehmen Sie die Fragen Ihres Kindes ernst, aber beruhigen Sie es auch – es fürchtet sich wahrscheinlich. Vor dem Gespräch könnten Sie es fragen: »Hast du vor irgend etwas Angst?«

Ihr Kind wird sehr viel Zuspruch brauchen, bis es glaubt, daß Tot- und Frühgeburten so selten sind, daß man sich keine Sorgen darüber zu machen braucht.

Es hilft den Kindern zu erfahren, daß das Baby bei einer Frühgeburt »zu schwach« war und wahrscheinlich ohnehin nicht lange am Leben geblieben wäre.

Wenn Sie selbst eine Fehlgeburt hatten, betonen Sie, daß Sie sich genau so ein liebes und gesundes Kind wünschen wie das, was Sie schon haben. Erklären Sie, daß eine Fehlgeburt nicht bedeutet, daß jede weitere Schwangerschaft genauso enden wird.

Erklären Sie Ihrem Kind am Beispiel von Todesfällen in der Familie oder im Freundeskreis, daß man von einem tot geborenen oder bald nach der Geburt verstorbenen Kind ebenso positiv Abschied nehmen kann.

Was Sie ausserdem wissen sollten

Einige statistische Daten können Ihnen bei der Beantwortung der Fragen helfen. Es heißt, daß ein Drittel aller Erstschwangerschaften mit einer Fehlgeburt in den ersten acht Wochen endet und daß viele Frauen von ihrer Schwangerschaft gar nichts mitbekommen haben. Für Fehlgeburten gibt es viele Gründe. Die beiden wichtigsten sind folgende:

Das Kind war auf irgendeine Weise geschädigt; durch die Fehlgeburt entledigt sich die Natur der geschädigten Leibesfrucht.

Die Gebärmutter war noch nicht reif oder stark genug, um ein Kind auszutragen. Vielleicht brauchte sie den »Probelauf« zur Vorbereitung auf eine problemlose Schwangerschaft.

Fragen, Fragen, Fragen ...

- ***Kann ein Baby im Bauch seiner Mami sterben?***
- ***Mußt du auch sterben, wenn das Baby stirbt?***
- ***Tut es dem Baby weh, wenn es stirbt?***
- ***Wie kommt das Baby raus, wenn es tot ist?***
- ***Woher weißt du, daß das Baby tot ist?***

Siehe auch *Wo komme ich her? S. 12 • Wie kann das Baby in dir wachsen? S. 14 • Wie kommt das Baby raus? S. 16*

2–4 JAHRE

Manche Babys sind zu schwach, um zu wachsen, deshalb sterben sie. Das passiert nur selten. Die meisten wachsen und werden groß und stark wie du.

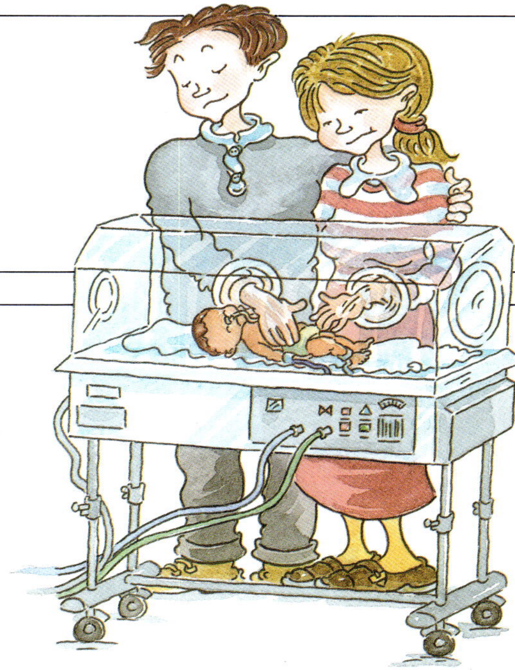

4–6 JAHRE

Manche ungeborenen Babys wachsen nicht und sterben, solange sie noch winzig sind. Dann schlüpfen sie durch die Scheide ihrer Mama heraus. Manche Babys sterben auch gleich nach der Geburt, wenn sie zu früh auf die Welt kommen. Der Mutter passiert nichts, aber sie ist sehr traurig.

6–8 JAHRE

Unter einer »Fehlgeburt« versteht man, daß das Baby aus irgendeinem Grund im Mutterleib stirbt. Nach der Geburt stirbt ein Baby nur ganz selten, und das auch nur, wenn irgend etwas mit seinem Herzen, seiner Lunge oder seinem Blut nicht stimmt oder wenn es viel zu früh auf die Welt gekommen ist. Für die Mutter und das Baby ist es leichter, wenn es stirbt, solange es noch winzig klein ist. Dann merkt die Mutter manchmal gar nichts davon. Ist es schon größer, merkt sie es meistens daran, daß das Baby sie nicht mehr tritt. Unser Baby tritt mich noch – fühl mal! Gesunde Babys, so wie du eins warst, liegen so sicher im Mutterleib, daß ihnen selbst ein Sturz von der Treppe nichts ausmacht!

8–11 JAHRE

Wenn ungeborene Babys sterben, liegt es meistens daran, daß ihnen etwas fehlt. Fehlen lebenswichtige Organe wie das Herz oder das Gehirn, dann sterben sie schon bald, meist in den ersten drei Monaten der Schwangerschaft. Stirbt ein Baby später im Mutterleib, dann kann das daran liegen, daß die Plazenta nicht ganz in Ordnung ist. Auch eine Krankheit der Mutter kann die Ursache sein. »Fehlgeburt« und »Abort« bedeuten das gleiche. Wenn eine Mutter ihr Baby vor der Geburt verliert, nennt man das einen »spontanen Abort«. Wenn der Arzt aus irgendeinem Grund die Schwangerschaft abbrechen muß, spricht man von »Abtreibung«. Mit »Fehlgeburt« meint man, daß ein Baby aufgrund natürlicher Ursachen stirbt, während man unter einer »Abtreibung« eine absichtliche Schwangerschaftsunterbrechung versteht. Eine frühe Fehlgeburt tut dem Baby und meist auch der Mutter nicht weh. Das Kleine schlüpft einfach wie bei der Menstruation hinaus. Ist das Baby aber schon größer als 7 cm, so kann man es schon erkennen, und dann sind die Eltern traurig. Wenn ein Baby die ganze Schwangerschaft über gewachsen ist und kurz vor oder bei der Geburt stirbt, spricht man von einer »Totgeburt«. Schmerzen hat das Baby dabei wahrscheinlich nicht. Aber für die Eltern ist sein Tod sehr traurig; das Baby bekommt einen Namen und ein Begräbnis, und man trauert um es, so wie wir damals um Opa getrauert haben. Totgeburten sind aber selten und oft die Folge einer Verkettung sehr unglücklicher Umstände.

• *Was passiert, wenn man stirbt? S. 40*

F Was ist Gott?

- *Wer ist Gott?* • *Ist Gott ein Mann oder eine Frau?*
- *Glaubst du an Gott?* • *Ist Gott schwarz oder weiß?*
- *Hat Gott die Welt / mich gemacht?* • *Wo wohnt Gott?*

Egal, ob Sie selber gläubig sind oder nicht – eines Tages stellt Ihnen Ihr Kind bestimmt gezielte und bohrende Fragen über die Natur Gottes. Machen Sie sich schon frühzeitig Gedanken über Ihre möglichen Antworten. Weil Kinder völlig unbelastet an solche Themen herangehen, legen sie mitunter erstaunlichen Tiefsinn an den Tag.

Was steckt hinter dieser Frage?

Solche Fragen werden von Kindern gestellt, die in einem christlichen Umfeld aufwachsen, wobei es keine Rolle spielt, ob die Eltern Kirchgänger sind oder nicht. Fast im gesamten Abendland mit seiner christlichen Tradition ist die Kultur von religiös beeinflußten Bildern und Symbolen durchsetzt, die Kindern nicht entgehen. Dazu gehört auch die Vorstellung von einem einzigen allmächtigen Wesen, das »Gott« heißt. Ein Kleinkind wird Ihnen keine Fragen über den Glauben stellen. Das beginnt erst mit sieben oder acht, wenn die Kinder allmählich auch andere komplizierte Begriffe wie Gerechtigkeit, Nächstenliebe und Gleichberechtigung verstehen. Aber fast alle Kinder sind fasziniert von übermenschlichen Wesen, die allwissend zu sein scheinen. Ihre Fragen beziehen sich meist auf Gottes Allmacht und Allgegenwart. Vielleicht haben sie jemanden sagen hören, Gott sei überall oder, was in ihren Ohren noch beunruhigender klingt: »Gott weiß immer genau, was du tust.«, und wollen nun wissen, ob es nicht doch irgendwelche Grenzen gibt.

Richtlinien für Ihre Antworten

Gott zu vermenschlichen (im Gegensatz zu Jesus, der ein Mensch war) ist nicht unbedingt empfehlenswert, denn es kann zur Intoleranz gegenüber den Gottesvorstellungen anderer Religionen verleiten. Eine einfache und unvoreingenommene Antwort auf die Frage nach dem Wesen Gottes ist schwer. Sind Sie selbst gläubig, so wünschen Sie natürlich, daß Ihr Kind ebenso denkt wie Sie; sind Sie nicht gläubig, wollen Sie das auch. Der Glaube an irgend etwas ist für viele Menschen Bestandteil ihres Glücks und seelischen Gleichgewichts. Versuchen Sie dennoch, Ihrem Kind nicht zu sehr zuzusetzen, wenn es Zweifel hat oder es ihm an Begeisterung fehlt. Je älter es wird, desto mehr können Sie ihm dabei helfen, sich ein eigenes Bild zu schaffen. Bei Kindern, die Religion mit Starrheit und Intoleranz gleichsetzen, besteht die Möglichkeit, daß Sie eines Tages jedem Glauben abschwören – einschließlich dem Glauben an ihre Eltern. Von einem gesunden religiösen Leben können alle Kinder profitieren, solange es nicht zur blinden Rechtfertigung politischer oder gar militärischer Aktionen mißbraucht wird.

Bringen Sie Ihrem Kind bei, daß Menschen, die an Gott glauben, eine Macht der Güte und Liebe in ihm sehen. Die meisten Religionen erkennen an, daß der Mensch kein perfektes Wesen ist, ja viele Religionen gründen sich auf dem Bedürfnis der Menschen, mit Hilfe Gottes eine gewisse Perfektion zu erreichen. Verbinden Sie, wo immer es Ihnen möglich ist, Ihre Religion oder die anderer Menschen, mit der Welt, in der wir leben und der Realität menschlichen Verhaltens.

Was Sie ausserdem wissen sollten

Sie werden diese Fragen wahrscheinlich entsprechend Ihren eigenen Überzeugungen beantworten wollen. Meine Antworten gehen zwar zum großen Teil von einem christlichen Standpunkt aus, doch habe ich hier und da auch versucht, Gottesvorstellungen nicht-christlicher Religionen mit einzubeziehen.

Fragen, Fragen, Fragen ...

- *Was ist ein Kirchgänger?*
- *Was ist ein religiöser Mensch?*
- *Kann man Gott sehen?*
- *Wieso glauben meine Freunde an andere Götter?*

Siehe auch *Was passiert, wenn man stirbt? S. 40* • *Was ist Religion? S. 46*

2–4 JAHRE

Gott ist Liebe. Wenn ich sage »Ich hab' dich lieb«, dann ist das Gott. Gott macht, daß wir Menschen und Tiere lieben, und er hilft uns, das Schöne in der Welt zu sehen, ob es nun die vielen Sterne am Himmel sind oder die kleinen Blumen auf der Wiese.

4–6 JAHRE

Jedesmal, wenn wir etwas Gutes tun, dann ist das Gott; jedesmal, wenn wir Liebe empfinden, ist das Gott. Jeder Mensch liebt irgendwann, und dieses Gefühl ist Gott. Man kann ihn nicht sehen, aber weil viele Menschen Liebe fühlen, ist die Liebe überall und Gott auch. Manche Leute glauben, daß Gott die Welt erschaffen hat, und es gibt viele Geschichten darüber, wie Gott die Pflanzen, Tiere und Menschen entstehen ließ.

6–8 JAHRE

Gott ist kein Mensch und daher weder Mann noch Frau, weder schwarz noch weiß. Er hat auch kein Haus wie wir, denn er ist überall und in allen Dingen. Er ist wie ein guter und mächtiger Geist. Schon vor Tausenden von Jahren haben die Menschen angefangen, sich Gedanken über Gott zu machen. Manche glauben, daß es viele Götter gibt. Die ersten, die an einen einzigen Gott glaubten, waren die Juden. Jesus war ein Jude. Die Christen glauben, daß er Gott in Gestalt eines Menschen war. Es heißt, Gott wohnt im Himmel – aber das ist nicht irgendwo über den Wolken, sondern eine Umschreibung jener Art von Frieden und Güte, von der manche Menschen glauben, daß sie sie nach dem Tod bei Gott erwartet.

8–11 JAHRE

Vor Tausenden von Jahren haben verschiedene Völker an verschiedenen Orten der Erde eine Vorstellung von Gott oder Göttern entwickelt. Deshalb gibt es bis heute verschiedene Götter und Religionen. Die meisten Christen glauben, daß Jesus Gott in Menschengestalt war und daß es keinen Unterschied zwischen Gott dem Vater und Gott dem Sohn gibt, sondern daß Gott, indem er ein Mensch wurde und all das erlitten hat, was viele Menschen auf der Erde erleiden müssen, zeigen wollte, wie sehr er uns alle liebt. Manche Leute glauben auch an die Existenz einer bösen Macht in der Welt und geben ihr verschiedene Namen. Einer davon ist »Teufel«. Der Teufel wohnt angeblich an einem Ort namens Hölle. Aber da der Teufel kein Mensch ist, kann niemand genau sagen, was die Hölle eigentlich ist. Leute, die an Gott glauben, sind »Gläubige«; wer nicht an Gott glaubt, ist ein »Atheist«, und wer zwischen beidem schwankt, wird »Agnostiker« genannt.

F Was ist Religion?

- *Warum gibt es so viele Religionen?* • *Welche ist die richtige?*
- *Warum bekämpfen sich Menschen unterschiedlicher Religionen?*
- *Warum tragen Menschen bestimmter Religionen besondere Kleidung?*

Die positive Beantwortung von Fragen über andere Religionen verhilft Ihren Kindern nicht nur zu Toleranz, sondern erweitert auch ihren Horizont über die unmittelbare Heimat und die Schule hinaus. Verweisen Sie z. B. mit Hilfe der verschiedenen Schöpfungsmythen auf Ähnlichkeiten zwischen den einzelnen Glaubenstraditionen.

Was steckt hinter dieser Frage?

Die Fragen deuten darauf hin, daß Ihr Kind herausgefunden hat, daß es auch noch andere Religionen und Traditionen außer jenen in Ihrer Familie gibt. Kleinkinder stellen Fragen aus echter Neugier – genauso, wie sie nach den Unterschieden zwischen Jungen und Mädchen fragen. Sie wollen wissen, warum ihre Freunde anders leben und an andere Dinge glauben als sie. Sollten die Fragen jedoch wertenden Charakter im Sinne von »besser/schlechter« und »überlegen/unterlegen« haben, dann achten Sie sorgfältig darauf, daß sich solche Vorurteile nicht festsetzen. Religiöse Intoleranz geht oft Hand in Hand mit Rassismus und Einschüchterung.

Richtlinien für Ihre Antworten

Fragen zu Religionen geben Ihnen die Gelegenheit, Ihr Kind zu Toleranz und Nächstenliebe zu erziehen, einem gemeinsamen Merkmal der meisten Religionen.

Versuchen Sie sich in »vergleichender Religionswissenschaft«! Auch wenn Sie persönlich mit der einen oder anderen Religion nicht einverstanden sind, können Sie das Recht anderer Menschen auf den eigenen Glauben anerkennen. Religionen sollten nicht miteinander konkurrieren.

Es ist nur natürlich, wenn Sie Ihre Kinder in Ihrem eigenen Glauben erziehen wollen. Geben Sie ihnen jedoch zu verstehen, daß sie später, wenn sie älter sind und sich ihre eigenen Gedanken machen, die Freiheit haben, sich ihren Glauben selbst auszusuchen und auch dann zu Hause noch gern gesehen sind.

Unterdrücken Sie jeden Anflug von Rassismus und religiösem Fanatismus. Setzen Sie sich für Gleichberechtigung und Gerechtigkeit ein.

Was Sie ausserdem wissen sollten

Kindern fällt eine andere Hautfarbe auf oder eine andere Gebetshaltung, doch ist das für sie kein Zeichen von Überlegenheit oder Unterlegenheit. Es sind die Erwachsenen, die ihnen so etwas beibringen. Überläßt man sie sich selber, so spielen Kinder aller Nationalitäten und Glaubensrichtungen miteinander und verstehen sich sehr gut. Vorurteile ins Spiel bringen die Erwachsenen. Fördern Sie das angeborene Gerechtigkeitsgefühl Ihres Kindes und entwickeln Sie sein vorurteilsfreies Welt- und Menschenbild weiter. Zeigt es Interesse an anderen Religionen, fragen Sie es: »Was hältst denn du davon?«

Beten ist nicht gleich Beten
Die freie Wahl der Religion ist ein Grundrecht

Fragen, Fragen, Fragen …

- *Sind alle Religionen gleich?*
- *Kennst du Leute, die eine andere Religion haben?*
- *Kümmert sich unser Gott auch um Andersgläubige?*
- *Warum gehen sie nicht am Sonntag zur Kirche / Moschee?*
- *Glaubt man in allen Religionen an einen Gott?*

Siehe auch *Warum ist meine Haut hell? S. 68* • *Was passiert, wenn man stirbt? S. 40* • *Was ist Gott? S. 44*

2–4 JAHRE

Da die Menschen aus verschiedenen Teilen der Erde kommen, machen sie vieles anders und leben auch anders als wir. Sie glauben daher auch an verschiedene Götter: Die Christen glauben zum Beispiel an Christus, Hindus dagegen an Vischnu.

4–6 JAHRE

Wenn man an einen Gott glaubt und dabei bestimmte Regeln befolgt, so nennt man das Religion. Menschen gleicher Religion beten zu ihrem Gott an besonderen Orten wie Kirchen, Tempeln oder Moscheen. Manchmal müssen sie bestimmte Kleidung oder eine bestimmte Frisur tragen. In unserer Religion glauben wir, daß Gott alle Menschen liebt, auch die, die nicht an ihn glauben.

6–8 JAHRE

Viele Völker auf der Erde haben eigene Götter und deren Geschichte in eigenen Büchern aufgeschrieben. Menschen, die an ein und denselben Gott glauben, setzen gemeinsame Regeln für den Gottesdienst und das Beten fest; das nennt man Religion. In den meisten Religionen ist ein bestimmter Wochentag für den Gottesdienst vorgesehen. Daneben gibt es noch besondere Feiertage wie Weihnachten, Ramadan oder Diwali. Wir haben viele Freunde mit anderer Religion: David und Margot sind Juden, Yindi und Nabeel sind Moslems. Sie alle glauben, daß ihnen die Religion hilft, ein besseres Leben zu führen.

8–11 JAHRE

Früher dachten die Anhänger mancher Religionen, alle Menschen müßten den gleichen Glauben haben, und versuchten, Andersgläubige zu bekehren. Sie hielten Menschen anderen Glaubens sogar für böse und bestraften oder bekämpften sie. Auch heute noch gibt es Leute, die in Andersgläubigen Feinde sehen. Aber jeder Mensch sollte die Freiheit haben, ungestört seine Religion auszuüben und den Gott zu verehren, den er verehren will. Religion ist eine Privatsache, die jeder für sich allein entscheidet. Um ein guter Mensch zu sein, brauchst du weder an Gott zu glauben, noch mußt du einer bestimmten Religion angehören.

Später, wenn du Zeit hattest, über Religion nachzudenken, kannst du deine eigene Entscheidung treffen. Und wir haben dich immer lieb, egal, wofür du dich entscheidest.

F Spukt es im Dunkeln?

- *Darf ich bei Licht schlafen?* • *Was sind Gespenster?*
- *Versteckt sich im Dunkeln ein Ungeheuer in meinem Zimmer?*
- *Woher weiß ich, daß mir nichts Böses passiert?*

Irrationale Ängste sind nicht auf die Kindheit beschränkt, aber bei Kindern, die neue Erfahrungen verarbeiten müssen, besonders häufig. Für Kleinkinder mit lebhafter Phantasie können sich Bilder banalen oder gar fröhlichen Inhalts in furchterregende Dinge verwandeln. Mit diesen Ängsten muß sensibel umgegangen werden, wenn man langfristige Probleme vermeiden will.

Was steckt hinter dieser Frage?

Wie wir alle wissen, ist es sehr leicht, sich im Dunkeln alle möglichen Schrecken vorzustellen. Selbst Erwachsene sind nicht automatisch immun gegen phantastische Ängste. Kein Wunder also, daß sich manche Kinder im Dunkeln vor Ungeheuern, Hexen, Drachen und kriechenden Monstern fürchten. Kinder haben eine rege Vorstellungskraft und halten all diese Dinge für real, weil sie die Phantasie noch nicht von der Wirklichkeit trennen können. Schatten an der Wand und knarrende Treppenstufen wirken dann wie eine Bestätigung der schlimmsten Befürchtungen. Bewahren Sie Ihr Kind vor Horrorfilmen im Fernsehen und entsprechenden Videos. Auch gruselige Märchen können oft ganz unerwartet irrationale Ängste auslösen. Selbst Clowns oder Pantomimen können ein empfindsames Kind verängstigen.

Richtlinien für Ihre Antworten

Sich im Dunkeln zu fürchten ist keine dumme Laune, sondern ein Zeichen von Intelligenz. Lachen Sie also ein ängstliches Kind niemals aus. Helfen Sie ihm, seine Ängste zu überwinden, indem Sie herausfinden, was Sie zu seiner Beruhigung tun können. Manchmal genügt ein Nachtlicht im Kinderzimmer oder eine eingeschaltete Lampe im Flur. Hin und wieder können Sie auch bei Ihrem Kind bleiben, bis es eingeschlafen ist. Stellen Sie sich darauf ein; schließlich soll sich Ihr Kind sicher fühlen, angstfrei einschlafen und nicht von Alpträumen heimgesucht werden.

Wenn Ihr Kind einmal einen Horrorfilm gesehen hat, können Sie Alpträumen bis zu einem gewissen Grade vorbeugen, indem Sie es mit banalen Tätigkeiten – wie Zähneputzen, Haare bürsten oder dem Packen der Schultasche für den nächsten Tag – wieder in die reale Welt zurückholen. Sie können mit ihm auch über ein schönes Erlebnis oder ein bevorstehendes Ereignis wie eine Geburtstagsfeier oder eine Ferienfahrt reden. Meine eigenen Kinder gingen mit neun, zehn Jahren nach dem Gutenachtkuß allein ins Bett und hörten beim Einschlafen ihre jeweilige Lieblingsmusik. Dabei konnten keine furchterregenden Gedanken aufkommen. Sprechen Sie, wenn Ihr Kind ins Bett geht, aus dem Zimmer nebenan mit ihm – gleichmäßig und mit ruhiger Stimme, aber doch so laut, daß es Sie hören und verstehen kann.

Was Sie ausserdem wissen sollten

Viele erschreckende Erinnerungen gehen auf Bilder und Phantasien im Dunkeln zurück. Ihr Kind kann sie nicht in Worte fassen, und Sie werden nie erfahren, was es war. Nehmen Sie die Ängste Ihres Kindes als gegeben hin und versagen Sie ihm nie Mitgefühl, Trost und Beruhigung.

Helfen Sie Ihrem Kind bei der Überwindung eines Schocks, indem Sie ihm erlauben, bei Ihnen im Wohnzimmer oder in Ihrem Bett einzuschlafen. Manchmal bringt die Kinder sogar eine Umstellung der Möbel im Kinderzimmer auf andere Gedanken.

Fragen, Fragen, Fragen ...

- ***Gibt es diese Ungeheuer im Fernsehen wirklich?***
- ***Gibt es auch nette Gespenster?***
- ***Woher weiß ich, daß niemand vor meinem Fenster lauert?***
- ***Können die Ungeheuer mir wehtun?***
- ***Hat sich auch wirklich niemand im Schrank versteckt?***

Siehe auch *Was passiert, wenn man stirbt? S. 40* • *Was heißt Gewalt? S. 84*

2–4 JAHRE

Du kannst ein Nachtlicht in deinem Zimmer haben oder ich lasse das Licht im Flur an. Keine Angst, niemand tut dir was – Papa und Mama sind ja da. Ich rede noch mit dir, wenn ich rausgegangen bin, dann weißt du, daß ich da bin. Du brauchst bloß »Gute Nacht, Mama und Papa« zu rufen, und dann sagen wir auch »Gute Nacht«.

4–6 JAHRE

Gespenster, Hexen und Ungeheuer gibt es in echt nicht – die kommen bloß in Geschichten und Märchen vor, und auch da sind sie nicht immer böse. Und weil es sie nicht richtig gibt, können sie in der Nacht auch nicht kommen. Wenn du nicht an Gespenster glaubst, können sie dir auch nichts tun, oder? Aber wenn du Angst hast, lassen wir Rex vor der Tür. Dann bist du ganz sicher, denn der bellt immer gleich, wenn er was hört.

6–8 JAHRE

Niemand versteckt sich im Schrank. Komm, wir sehen nach. Siehst du? Niemand da. Jetzt schließen wir die Tür ab, dann wissen wir, daß niemand reinkommt. Wir sehen auch unterm Bett und hinter den Vorhängen nach, dann fühlst du dich wohler. Papa und Mama sind im Wohnzimmer, du brauchst keine Angst zu haben. Ausnahmsweise darfst du aber heute deine Nachttischlampe anlassen und noch eine nette Geschichte lesen. Um halb neun legst du das Buch weg. Ich lasse draußen das Licht an. Du kannst vor dem Einschlafen noch Musik hören, aber leise. Bevor ich selber ins Bett gehe, sehe ich noch einmal nach dir.

8–11 JAHRE

Das war ja wirklich ein scheußlicher Traum – aber eben doch nur ein Traum, nichts Echtes. Vielleicht lag es an dem Dinosaurierfilm, den du gesehen hast. Du weißt doch, das sind immer nur erfundene Geschichten mit Schauspielern und künstlichen Tieren, auch wenn die Dinosaurier ganz echt aussehen. Wir können uns mal in der Bibliothek ein Buch ausleihen, in dem steht, wie so etwas gemacht wird.

Ich lege mich noch ein bißchen zu dir, bis du wieder einschläfst. Wir können uns noch über das eine oder andere, was dir Spaß gemacht hat, unterhalten, zum Beispiel über das Stadtfest neulich. Mit was bist du da am liebsten gefahren? Weißt du noch, wie hell die Sonne schien und wie blau der Himmel war, als wir mit dem Riesenrad fuhren und von oben ganz weit sehen konnten? Überall flatterten Fahnen. Hinterher hast du dir noch ein Eis gekauft.

FRAGEN ÜBER

Darf ich ein einziges Mal Schule schwänzen?

Wo ist Mama hin?

Ist das meine Schuld?

Warum bin immer ich an allem schuld?

Habt Ihr mich adoptiert?

Warum kann Papa nicht bei uns wohnen?

TRENNUNG • SCHEIDUNG • STIEFELTERN • ADOPTION

BEZIEHUNGEN

Die Welt des Kindes dreht sich um enge persönliche Beziehungen: Anfangs, zu Hause, sind es die Eltern und Geschwister; in der Schulzeit dann Freunde, Freundinnen und Lehrer. Veränderungen, Ärger und Streit mit diesen Bezugspersonen können Ihr Kind stark beeinflussen, und es ist gut möglich, daß es seine Probleme gar nicht richtig artikulieren kann. Obwohl Ihr Kind Ihnen höchstwahrscheinlich ganz direkte Fragen stellt, sollten Sie auf mögliche Hintergründe achten. Manchmal scheint gar kein direkter Bezug zwischen einer Frage und dem eigentlichen Problem Ihres Kindes zu bestehen. Sie müssen der Sache dann ganz behutsam auf den Grund gehen. Haben Sie den Verdacht, daß sich hinter den Fragen unausgesprochener Kummer verbirgt, versuchen Sie die Ursachen herauszufinden, ohne dabei Trotzreaktionen oder Schuldgefühle zu wecken, die dem Kind, das vielleicht gerade versucht, mit den emotionalen Folgen einer Trennung fertig zu werden, nur schaden können. Sie sollten sich bemühen, die Ängste Ihres Kindes klar zu definieren und ihm direkte Antworten darauf zu geben. Der rote Faden, der sich durch alle Fragen dieser Art zieht, ist die Bedrohung der kindlichen Sicherheit. Die Ursachen dafür können unterschiedlich sein. Wenn sich Ihre sechsjährige Tochter plötzlich mit ihrer besten Freundin verkracht, kann sie sich genauso niedergeschlagen fühlen wie ein Kind, das die Scheidung seiner Eltern zu bewältigen hat. Wichtig ist, daß im Mittelpunkt aller Antworten Ihre Liebe und Ihre Hilfsbereitschaft stehen.

Wie finde ich Freunde?

Was ist eine Scheidung?

GESCHWISTER • FREUNDSCHAFTEN • SCHULPROBLEME

F Wo ist Papa / Mama hin?

- *Hat dich Mama / Papa nicht mehr lieb?*
- *Warum streitet ihr euch dauernd?*
- *Wieso schläft Mama / Papa jetzt im Gästezimmer?*

Der Versuch, den Kindern bei einer Trennung das Schlimmste zu ersparen, kann für beide Elternteile eine niederschmetternde Erfahrung sein. Es gibt nur eine Möglichkeit, die Kinder auch in dieser Situation Ihrer Liebe zu versichern: Seien Sie, unabhängig von Ihren Auseinandersetzungen mit dem Partner, so aufrichtig zu ihnen wie möglich. Und machen Sie Ihren Partner, auch wenn's schwerfällt, gegenüber dem Kind nicht schlecht – schließlich bleibt sie/er die Mutter/der Vater des Kindes.

Was steckt hinter dieser Frage?

In allen Beziehungen gibt es Probleme. Die Erfahrung, daß Mama und Papa nicht immer ein Herz und eine Seele sind, ist für jedes Kind eine Lektion fürs Leben. Solange es auf die Liebe beider vertrauen kann, ist alles in Ordnung. Spürt es jedoch eine ernste Entfremdung zwischen den Eltern, so kann es passieren, daß seine Welt zusammenbricht und daß es glaubt, niemandem mehr vertrauen zu können, weil ja schon auf die eigenen Eltern kein Verlaß mehr ist. Kinder in dieser Situation werden unsicher, fallen möglicherweise in infantile Verhaltensweisen zurück, werden frech oder spielen sich auf, weil sie Bestätigung suchen. Und fast immer geben sie sich selbst die Schuld an den Ereignissen.

Richtlinien für Ihre Antworten

Haben Sie Streit mit Ihrem Partner, versichern Sie Ihrem Kind, daß es selbst damit nichts zu tun hat und Ihre Liebe zu ihm unerschütterlich ist, was immer auch passieren mag. Wird der Streit wieder beigelegt, beziehen Sie Ihr Kind in die Versöhnung mit ein, so daß sich die ganze Familie wieder vereint fühlt. Ob der Bruch in der Beziehung endgültig ist oder nicht – Ihr Kind braucht in jedem Fall eine gewisse Sicherheit hinsichtlich seiner eigenen Zukunft. Versichern Sie ihm also, daß es immer gut aufgehoben sein wird, auch wenn Mama oder Papa ausziehen sollte.

Kindersorgen drehen sich oft um Dinge, auf die wir nicht einmal im Traum kämen – zum Beispiel die Frage, wer es nun in die Schule bringt. Fragen Sie Ihr Kind, was es bedrückt. Sagen Sie ihm in verständlichen Worten die Wahrheit und bereiten Sie es, sofern es alt genug dazu ist, rechtzeitig auf kommende Veränderungen vor. Die Antworten sind teils aus der Sicht einer Mutter und teils aus der eines Vaters geschrieben. Passen Sie sie an Ihre persönliche Situation an.

Was Sie ausserdem wissen sollten

Ihr Kind hat ein feines Gespür für Ihre Gefühle; sind Sie traurig, wird es wahrscheinlich auch traurig sein. Kinder wollen wissen, was eine Trennung für sie bedeutet. Wer sie nicht aufklärt, verliert ihr Vertrauen und ihre Achtung. Glauben Sie ja nicht, Ihr Kind spüre nicht, was los ist. Versuchen Sie auch nicht, es abzuschirmen. Kinder fühlen sich verunsichert, wenn sie nicht die ganze Geschichte kennen. Wenn Sie ausziehen, müssen Sie Ihrem Kind sagen, daß Sie es trotzdem immer lieben, ihm oft schreiben und es häufig besuchen werden. Nennen Sie ihm möglichst schon ein fixes Datum, auf das es sich freuen kann, und versetzen Sie es nie. Regelmäßige Besuche und die Beibehaltung der Alltagsroutine helfen Ihrem Kind. Auch Großeltern, andere Familienangehörige und enge Freunde können dem Kind das Gefühl vermitteln, daß die Familie noch existiert und daß es von ihr geliebt wird.

Fragen, Fragen, Fragen ...

- *Warum schreit ihr euch an?*
- *Hat mich Mama / Papa jetzt nicht mehr lieb?*
- *Wie kann man einfach aufhören, sich lieb zu haben?*
- *Bin ich schuld daran?*
- *Kommt Mama / Papa wieder zurück?*

Siehe auch *Was ist eine Scheidung? S. 54* • *Muß ich jetzt Papa zu ihm sagen? S. 56*

2–4 JAHRE

A Mama und Papa sind böse aufeinander, deshalb geht Mama vielleicht bald weg und wohnt eine Zeitlang woanders. Mama tut es sehr leid, daß sie nicht bei dir sein kann. Wir haben dich trotzdem alle beide sehr lieb, und das wird sich nie ändern. Mama kommt dich oft besuchen, mindestens einmal in der Woche.

4–6 JAHRE

A Mama und Papa sind zur Zeit böse aufeinander, und dann ist es schwierig, im gleichen Bett zu schlafen. Nicht alle Eltern bleiben ihr Leben lang zusammen. Manchmal merken sie, daß sie sich nicht mehr lieben. Dich hat Mama genauso lieb wie immer. Es fällt ihr schwer, dich hierzulassen. Sie wird dich aber jede Woche besuchen. Du bist ganz bestimmt nicht schuld daran, daß wir auseinandergehen.

6–8 JAHRE

A Mama und Papa leben zur Zeit getrennt. Wir können uns über vieles nicht einigen, und es ist gar nicht schön, dauernd zu streiten, zumal wir wissen, daß du dich darüber aufregst. Vielleicht versöhnen wir uns wieder, aber es kann auch sein, daß es nicht klappt. Wir geben uns zwar große Mühe, aber vielleicht merken wir, daß wir uns wirklich nicht mehr lieben und nicht mehr zusammenleben können. Mama hat dich trotzdem lieb, und du bist nicht schuld an unserer Trennung. Sie ist nicht ausgezogen, weil du böse warst. Ich bleibe und kümmere mich um dich. Mama kommt jede Woche und besucht dich.

8–11 JAHRE

A Mama und ich haben versucht zusammenzubleiben, wirklich. Wir wollen unseren Kindern ja nicht wehtun, und auch uns wäre es viel lieber, wenn wir weiterhin glücklich miteinander sein könnten. Aber es geht nicht mehr. Wir lieben uns nicht mehr, und da hat Mama das Recht zu sehen, ob sie jemand anderen findet, den sie lieben kann. Euch wird sie immer liebhaben. Sie wird euch Briefe schreiben, euch besuchen und mit euch in die Ferien fahren. Daß sie auszieht, hat mit euch nichts zu tun – ihr habt nicht die geringste Schuld daran. Sie ist nur um ihrer selbst willen ausgezogen. Obwohl wir nicht mehr zusammenleben, sind wir immer noch verheiratet. Vielleicht lassen wir uns scheiden, dann sind wir nicht mehr verheiratet, aber trotzdem noch eure Eltern. Manchmal machen wir auch was gemeinsam, zum Beispiel ins Kino und zum Essen gehen.

F Was ist eine Scheidung?

● *Warum laßt ihr euch scheiden?* ● *War Papa böse zu dir?*

● *Wieso können wir nicht alle zusammenbleiben?* ● *Müßt ihr euch unbedingt scheiden lassen?* ● *Sehe ich Papa nun nie wieder?*

Eine Scheidung ist für beide Ehepartner nicht leicht, doch sind Kinder davon betroffen, ist es für alle Beteiligten noch schwieriger. Wie eine Scheidung auch im einzelnen aussehen mag – die Kinder brauchen die Gewißheit, daß für sie weiterhin gesorgt ist, daß sie keinerlei Schuld am Scheitern der Ehe haben und daß beide Eltern sie weiterhin genauso lieben wie zuvor.

Was steckt hinter dieser Frage?

Ungewißheit ist für ein Kind eines der schlimmsten Gefühle. Sie führt zu Verwirrung und Ängsten, daher lassen Sie bei Ihrem Kind niemals Zweifel daran aufkommen, daß es von beiden Eltern geliebt und von dem Partner, bei dem es bleibt, weiterhin gut versorgt wird. Es ist sehr aufschlußreich, mit Kindern zu sprechen, deren Eltern sich gerade scheiden ließen – sie wollen immer hören, ob sie schuld an der Trennung sind, ob sie immer noch von beiden Eltern geliebt werden und ob die beiden noch Freunde bleiben und sich auch so verhalten. Einer meiner Söhne erklärte auf meine entsprechende Frage: »War schon okay für mich, Mama, weil ich gesehen hab', daß du und Papa immer noch Freunde seid.« Hier habe ich die Antworten an einer Mutter ausgerichtet, die vom Vater verlassen wurde und für die Kinder sorgt. Passen Sie Ihre Antworten an die eigene Situation an.

Richtlinien für Ihre Antworten

Kinder unter fünf beziehen alles, was um sie herum geschieht, auf sich selbst. Sie sollten also auch schon den Kleinen wenigstens andeutungsweise erklären, was vor sich geht. Tun Sie das nicht, erfinden Ihre Kinder eigene Erklärungen und suchen die Schuld an den Problemen in der Familie zu Unrecht bei sich selbst. Wenn Sie keine plausible Erklärung für die Scheidung geben, wird Ihr Kind sich selbst die abenteuerlichsten Sachen einfallen lassen, wie »Mama ist ausgezogen, weil ich mein Zimmer nicht aufgeräumt habe.« oder »Papa hat sich aufgeregt, weil ich ins Bett gemacht habe/so ungeschickt bin/so schlecht im Rechnen bin/mein Taschengeld verloren habe.«

Schuldgefühle dieser Art können einem Kind, das schon genug damit zu tun hat, die durch die Trennung der Eltern ausgelöste Unsicherheit zu verarbeiten, sehr schaden. Befragen Sie Ihr Kind, damit Sie seine Ängste verstehen können. Geben Sie aufrichtige, leicht verständliche Antworten. Was immer zu Ihrer Scheidung geführt hat und wie erbittert Sie auch darüber sein mögen – versuchen Sie, diese Gefühle nicht auf Ihr Kind zu übertragen. Es ist halb Mutter, halb Vater. Wenn Sie ihm Ihre Abneigung gegen seine andere Hälfte zeigen, verliert es sein Selbstwertgefühl.

Was Sie ausserdem wissen sollten

Regen Sie sich nicht auf, wenn Ihr Kind den anderen Elternteil vermißt – und tun Sie nie so, als gäbe es ihn nicht mehr. Erzählen Sie den Lehrern Ihres Kindes, was los ist, und bitten Sie sie, auf eventuelle Schulprobleme zu achten. Bieten Sie Ihrem Kind Zeit und Gelegenheit, seine Sorgen anzusprechen. Hören Sie ihm gut zu und nehmen Sie seinen Kummer ernst. Größere Kinder machen sich manchmal Sorgen ums Geld, denn Scheidungen belasten die Finanzen vieler Familien. Beruhigen Sie Ihr Kind, damit es keine Schuldgefühle entwickelt.

Fragen, Fragen, Fragen ...

- ***Habt ihr mich alle beide noch lieb?***
- ***Hat Papi mich auch noch lieb, wenn ihr geschieden seid?***
- ***Kann ich Oma und Opa dann immer noch besuchen?***
- ***Muß ich dann in eine andere Schule gehen?***

Siehe auch *Muß ich jetzt Papa zu ihm sagen? S. 56* ● *Wo ist Papa / Mama hin? S. 52*

2–4 JAHRE

Bei einer Scheidung gehen zwei Menschen auseinander, die verheiratet waren. Sie trennen sich, weil sie sich nicht mehr lieben. Wir lassen uns scheiden, haben dich aber immer noch genauso lieb und kümmern uns auch weiter um dich.

4–6 JAHRE

Mama und Papa lassen sich scheiden, weil sie sich nicht mehr vertragen. Aber wir bemühen uns, Freunde zu bleiben, weil das für uns alle das Beste ist. Mama und Papa werden dich immer liebhaben und sich um dich kümmern. Ich weiß, du magst uns beide, und ich verspreche dir, daß wir beide für dich Zeit haben werden. Papa wird woanders wohnen, aber er hat dich auch dann lieb, wenn du ihn nicht mehr jeden Tag siehst.

6–8 JAHRE

Eine Scheidung ist etwas Trauriges. Niemand reißt gern eine Familie auseinander, deshalb muß ich manchmal weinen. Wir würden gern als Familie zusammenbleiben, aber Papa meint, er braucht einen Neuanfang. Eine Scheidung ist nicht leicht. Wir sind manchmal nicht nett zueinander, aber daran bist du nicht schuld. Daß Mann und Frau sich nicht mehr lieben, kann vorkommen; sie verändern sich im Lauf der Ehe. Aber wir beide haben dich sehr lieb, und daran wird auch die Scheidung nichts ändern. Wir richten es so ein, daß du Papa oft sehen und in den Ferien bei ihm sein kannst. Wenn du ihm sagst, daß du ihn liebhast, hilfst du uns beiden. Und Oma und Opa kannst du genauso oft besuchen wie jetzt auch.

8–11 JAHRE

Niemand wünscht sich eine Scheidung – wir haben wirklich alles versucht, bevor wir uns dazu entschlossen haben. Papa wird in eine eigene Wohnung ziehen, und du bleibst bei mir. Du wirst ihm fehlen, denn er liebt dich wie immer, aber er wird dir Briefe und Karten schreiben, dich jedes zweite Wochenende holen und die Hälfte deiner Ferien mit dir verbringen. Wir halten es für das Beste, wenn du bei mir bleibst, dann mußt du nicht die Schule wechseln und dir keine neuen Freunde suchen. Keine Angst, ich bringe dich zur Schule wie bisher, und Geld werden wir auch genug haben. Wenn du älter bist, kannst du selber entscheiden, ob du lieber bei mir oder bei Papa wohnen willst. Frag deinen Freund Stefan – dessen Eltern sind auch geschieden. Vielleicht fallen dir dann noch andere Fragen ein.

F Muß ich jetzt Papa zu ihm sagen?

- *Hast du mich genauso lieb wie Sarah und Thomas?*
- *Habe ich jetzt zwei Mamis / Papis?*
- *Wieso kann Papa nicht mehr bei uns wohnen?*

Gehen Sie eine neue Beziehung ein, kommt es mitunter zu Problemen, wenn Ihr Kind Schwierigkeiten hat, den neuen Partner zu akzeptieren. Diese Reaktion ist ganz natürlich. Die Beteiligten müssen Geduld, Verständnis und Kompromißbereitschaft aufbringen, um das Vertrauen des Kindes zu gewinnen.

Was steckt hinter dieser Frage?

Nichts kann die zentrale Rolle der Eltern im Leben eines Kindes erschüttern. Die Begegnung mit dem Stiefvater oder der Stiefmutter in spe führt daher oft zu Konfusionen. Das Kind kann so stark verunsichert werden, daß es allen Erwachsenen mit Mißtrauen begegnet. Es braucht sehr viel Zuspruch. Seine Angst, den bereits fortgezogenen Elternteil endgültig zu verlieren, kann enorm sein, vor allem, wenn es das Gefühl hat, der neue Partner wolle den Platz des alten einnehmen – die klassische Stiefmutter-Konstellation im Märchen. Alle Lebensbereiche des Kindes können betroffen sein: Es ißt nicht mehr richtig oder bekommt Alpträume; es wird ungezogen, und die Schulnoten verschlechtern sich. Bekommt es Stiefgeschwister oder ist ein neues Baby unterwegs, so fürchtet es womöglich, Sie könnten Ihre Liebe auf die neuen Familienmitglieder übertragen.

Richtlinien für Ihre Antworten

Wenn Sie, ob mit oder ohne Trauschein, eine langfristige Beziehung mit einem neuen Partner eingehen, sollten Sie Ihrem Kind mit Worten und Taten deutlich zu verstehen geben, daß Ihre Liebe zu ihm völlig unantastbar ist. Sie werden diese Beteuerung vermutlich oft wiederholen müssen. Sagen Sie dem Kind mindestens einmal am Tag, wie begeistert Sie von ihm sind, vor allem beim Gutenachtsagen.

Wenn Sie Ihrem Kind die neue Stiefmutter/den neuen Stiefvater vorstellen, machen Sie den leiblichen Vater/die leibliche Mutter nicht schlecht. Stellen Sie den neuen Partner als Bereicherung dar. Daß verschiedene Elternpaare den Kindern Kopfzerbrechen bereiten können, ist kein Wunder. Mein eigener Stiefsohn kam darüber hinweg, als er in der Schule Kameraden fand, die »zwei Papas« hatten.

Sprechen Sie niemals von »deiner neuen Mama«, als würde die leibliche Mutter des Kindes nicht mehr existieren. Vor allem jüngere Kinder empfinden das als Zurückweisung und bekommen womöglich Angst, sie dürften ihre richtige Mutter nie wieder sehen (für Väter gilt natürlich das gleiche). Meine Antworten sind aus der Sicht einer Mutter geschrieben, deren neuer Partner eigene Kinder in die Beziehung mitbringt.

Was Sie ausserdem wissen sollten

Passen Sie sich dem Tempo Ihres Kindes an. Stiefvater oder Stiefmutter sollten sich um eine freundschaftliche Beziehung zu Ihrem Kind bemühen. Ergibt sich daraus ein Vertrauensverhältnis, um so besser. Versuchen Sie, Spannungen zwischen neuem und altem Partner auf kleiner Flamme zu halten. Es gibt Privilegien der leiblichen Eltern, die Sie als Stiefvater oder Stiefmutter anerkennen sollten. So werden Sie sie nie ersetzen und sollten das auch nicht anstreben. Ich habe meinen Stiefsöhnen erlaubt, ihre Mutter jederzeit zu sehen. Sie wollen doch sicher nicht, daß Ihre Stiefkinder Sie für eifersüchtig und kleinlich halten.

Fragen, Fragen, Fragen ...

- ***Darf ich Mama / Papa weiter besuchen?***
- ***Muß er / sie jetzt bei uns wohnen?***
- ***Was ist ein Halbbruder / eine Halbschwester?***
- ***Was ist eine Stiefschwester / ein Stiefbruder?***

Siehe auch *Wo ist Papa / Mama hin? S. 52* • *Was ist eine Scheidung? S. 54* • *Warum bin ich adoptiert worden? S. 58*

2–4 JAHRE

Alex wird Mamis neuer Mann. Er kommt und wohnt bei uns und wird manchmal auch auf dich aufpassen. Er freut sich schon darauf, dich kennenzulernen. Papi kennt ihn, und du darfst Papa genauso oft besuchen wie jetzt.

4–6 JAHRE

Stiefvater wird man, wenn man eine Frau heiratet, die schon Kinder hat. Dein Stiefvater ist also nicht dein richtiger Papa, aber er hilft deiner Mama, sich um dich zu kümmern. Stiefeltern können ihre Stiefkinder auch liebhaben, so wie richtige Eltern. Du brauchst zu deinem Stiefvater nicht »Papa« zu sagen – nenn ihn einfach beim Vornamen. Ich liebe ihn, aber für dich ist dein richtiger Papa auch wichtig. Du kannst ihn oft besuchen.

6–8 JAHRE

Es ist nicht einfach, wenn man plötzlich zwei Elternpaare hat, aber es kommt ziemlich oft vor. Du könntest Julia nach ihrem Stiefvater fragen. Stell dir mal vor, da ist noch ein zweiter Erwachsener zu Hause, der dich genauso lieb hat wie seine eigenen Kinder – das wäre doch nett, oder? Sarah und Thomas sind deine Stiefgeschwister. Sie haben andere Eltern als du, aber wir haben euch alle gleich lieb. Wenn Alex und ich noch ein Baby wollen, dann wird das dein Halbbruder oder deine Halbschwester, weil es im Bauch deiner Mama gewachsen ist, aber einen anderen Vater hat als du. Auch für Sarah und Thomas wäre das Baby eine Halbschwester oder ein Halbbruder, es würde euch also allen dreien gehören.

8–11 JAHRE

Dein richtiger Vater ist der, der dich mit mir zusammen gezeugt hat, und ich möchte, daß du ihn auch weiterhin liebhast und ihn so oft wie möglich triffst. Er liebt dich genauso wie ich. Alex ist dein Stiefvater und möchte gern dein Freund sein, aber er weiß, daß er nie deinen richtigen Vater ersetzen kann. Wir wollen es dir so leicht wie möglich machen. Egal was passiert, deine richtigen Eltern ändern sich nicht und werden dich immer liebhaben. Du kannst immer zu mir kommen und mir sagen, wenn du wütend bist oder dich über etwas aufregst – es ist gut und wichtig, über seine Gefühle sprechen. Die neue Situation ist nicht einfach für uns, aber wir tun alle unser Bestes, damit du ein glückliches Kind bleibst.

F Warum bin ich adoptiert worden?

- *Seid ihr meine richtigen Eltern?* • *Bin ich adoptiert worden?*
- *Kann ich meine richtigen Eltern kennenlernen?*
- *Wie kann man zwei Mamas und Papas haben?*

Einem Adoptivkind sollten Sie deutlich zu verstehen geben, daß Ihre Liebe sich in keiner Weise von der leiblicher Eltern unterscheidet. Wenn Sie Fragen ehrlich beantworten und so bald wie möglich die Wahrheit sagen, beugen Sie dem Trauma einer unvorhergesehen Entdeckung vor. Sprechen Sie von Anfang an vernünftig über die Adoption, so daß sie von allen als ganz normal empfunden wird.

Was steckt hinter dieser Frage?

Die meisten Paare, die ein Baby adoptieren, bekommen den Rat, das Kind so früh wie möglich in einer seinem Alter und seiner Auffassungsgabe gemäßen Form über diesen Sachverhalt aufzuklären. Ein Kind, das so früh Bescheid weiß, hat natürlich bestimmte Fragen. Es wird sein Verständnis von Zeugung und Geburt in einen Bezug zu seiner eigenen Situation setzen wollen. Zu diesem Zeitpunkt wird es besonders häufig die Bestätigung brauchen, daß es von Ihnen geliebt wird und daß Sie es nie fortgeben werden, wie das einst die leiblichen Eltern tun mußten. Ein älteres Kind, das sich noch an die Zeit vor der Adoption erinnern kann, wird vor allem wissen wollen, warum Ihre Wahl ausgerechnet auf es und nicht auf ein anderes Kind gefallen ist. Kinder in dieser Lage brauchen oft Jahre, bis sie ihre tiefsitzende Unsicherheit überwinden. Die heimliche Angst, sie könnten, wenn die Eltern mal böse auf sie sind, ein zweitesmal fortgeschickt werden, kann sehr lange Bestand haben.

Richtlinien für Ihre Antworten

Fragen zur Adoption sollte ebensowenig wie jenen über Sex und Tod ausgewichen werden, denn es besteht die Gefahr, daß das Kind von anderen »aufgeklärt« wird – und das womöglich im unpassendsten Moment. Damit kann das Vertrauen des Kindes in die Adoptiveltern zerstört werden, das diese oft über Jahre hinweg mühselig aufgebaut haben.

Beantworten Sie jede Frage offen und ehrlich: Jeder Mensch, gleich welchen Alters, hat das Recht zu erfahren, wer seine Eltern sind. Auch wenn Ihr Kind Ihnen keine Fragen stellt, sollten Sie ihm schon ziemlich früh – etwa im Alter zwischen drei und vier – reinen Wein einschenken. Erklären Sie ihm ganz sachlich, worum es geht – entsprechend gefaßt wird es die Neuigkeit akzeptieren.

Wenn Kinder erfahren, daß ihre leibliche Mutter sie zur Adoption freigegeben hat, kann sich bei ihnen ein Gefühl von Wertlosigkeit einstellen. Sie, die Adoptiveltern, müssen Ihrem Kind in dieser Phase noch viel offener Ihre Liebe zeigen.

Die leibliche Mutter sollte von Ihnen nur gelobt werden. Heben Sie den Mut hervor, den es sie gekostet hat, ihr Kind zur Adoption freizugeben. Betonen Sie, wie froh und glücklich Sie waren, daß Sie die Elternstelle einnehmen durften.

Was Sie ausserdem wissen sollten

Erwachsene, die als Kinder adoptiert wurden, können in den meisten Ländern auf Wunsch ihren Geburtsschein einsehen. Will Ihr Kind wissen, wer seine leiblichen Eltern waren, erklären Sie ihm die Rechtslage und bieten Sie an, es bei der Suche zu unterstützen – und halten Sie Ihr Versprechen!

Erzählen Sie Ihrem Adoptivkind aufrichtig, warum Sie es adoptiert haben. Es kann sich dann Ihrer Liebe vollkommen sicher sein und wird mit Selbstachtung aufwachsen.

Fragen, Fragen, Fragen ...

- ***Werdet ihr mich immer liebhaben?***
- ***Warum habt ihr mich adoptiert?***
- ***Warum hat sie mich weggegeben?***
- ***Werden mich meine richtigen Eltern auch liebhaben?***
- ***Wirst du immer mein Papa / meine Mama bleiben?***
- ***Seid ihr mir böse, weil ich adoptiert bin?***

Siehe auch *Wo komme ich her? S. 12* • *Warum bin ich an allem schuld? S. 60*

2–4 JAHRE

Kinder unter vier werden nur selten Fragen stellen, es sei denn, sie wurden erst kürzlich adoptiert oder haben das Wort irgendwo aufgeschnappt. Stellt ein aufgeweckter Dreieinhalbjähriger Fragen, orientieren Sie sich an den Antworten für Vier- bis Sechsjährige.

4–6 JAHRE

Du hast zwei Paar Eltern, weil der Papa und die Mama, die dich gezeugt haben, sich nicht um dich kümmern konnten. Das war sehr traurig für sie. Deshalb wurden für dich andere Eltern gesucht – nämlich wir –, und darüber sind wir sehr froh. Hab keine Angst, du wirst immer bei uns bleiben. Wir lieben dich und passen gut auf dich auf. Wir sind jetzt deine Mama und dein Papa und werden es immer bleiben.

6–8 JAHRE

Wenn du willst, werde ich dir, wenn du groß bist, helfen, deine richtigen Eltern zu finden. Ja, ich glaube, du solltest versuchen, sie ausfindig zu machen. Warum dich deine Mama weggegeben hat, weiß ich nicht, aber bestimmt nicht deshalb, weil sie dich nicht geliebt hat. Es ist ihr sicher sehr schwer gefallen. Ich glaube, sie wird sich freuen, wenn du sie später besuchst. Wir haben dich adoptiert, weil wir selber kein Baby bekommen können. Wir wußten aber, daß es viele Babys gibt, deren Eltern sich leider nicht um sie kümmern können. Einem solchen Baby wollten wir ein Zuhause geben. Wir mochten dich auf Anhieb, als wir dich zum erstenmal sahen – und daran wird sich nie etwas ändern.

8–11 JAHRE

Wenn du willst – und wenn du alt genug dazu bist –, kannst du herausfinden, wer deine richtigen Eltern sind. Wir werden dir dabei helfen. Ich bin sicher, deine erste Mama hat dich liebgehabt, aber sie mußte dich zur Adoption freigeben, weil ihr nichts anderes übrig blieb. Wahrscheinlich hatte sie dich so lieb, daß sie dir ein besseres Leben gewünscht hat – bei Leuten, die sich um dich kümmern können und die dich genauso liebhaben. Ich glaube, sie wird sich riesig freuen, wenn du sie besuchst, sobald du erwachsen bist. Nein, ich bin dir nicht böse, weil du adoptiert bist – ich werde bloß böse über Dinge, über die sich deine richtigen Eltern auch ärgern würden. Frag Julia – deren Eltern schimpfen manchmal auch mit ihr! Wir lieben dich und wollen wie alle Eltern nur dein Bestes, weil du wirklich unser Kind bist.

F Warum bin ich an allem schuld?

- *Hast du ihn lieber als mich?* • *Warum ist sie dein Liebling?*
- *Warum hat er immer recht?* • *Warum bin immer ich die Böse?*
- *Wär's dir lieber, ich wäre so wie sie?*

Eine der schwierigsten elterlichen Aufgaben besteht darin, allen Kindern gleichermaßen gerecht zu werden. Jedes Kind will etwas Besonderes sein und ist nur allzu schnell tief betroffen, wenn es das Gefühl hat, ein anderes würde ihm vorgezogen.

Was steckt hinter dieser Frage?

Eifersucht unter Geschwistern ist eine Tatsache. Da manche Kinder dazu neigen, an der unverbrüchlichen Liebe Ihrer Eltern zu zweifeln, fühlen sie sich bei den geringsten Anlässen zurückgesetzt. Hat sich das Gefühl, benachteiligt zu werden, erst einmal eingenistet, findet es sich in tausend anderen Belanglosigkeiten bestätigt. Ich habe meinen älteren Kindern nie erlaubt, die jüngeren zu drangsalieren – mit der Folge, daß es immer hieß, die jüngeren würden verhätschelt und vorgezogen. Aber hier ging es um eine Grundregel fürs ganze Leben: Man darf einem starken Aggressor nie gestatten, ein schwächeres Opfer einzuschüchtern. Natürlich kann sich auch ein jüngeres Kind zurückgesetzt fühlen – etwa, weil es früher ins Bett gehen muß oder bestimmte Fernsehsendungen nicht sehen darf. Fragen dieser Art sind oft Warnzeichen dafür, daß Ihr Kind sich ausgeschlossen, ja ungeliebt fühlt. Sie sollten es dann schnell beruhigen. Nehmen Sie sich jeden Tag ein bißchen Zeit für das »Sorgenkind« und geben Sie ihm in Wort und Tat zu verstehen, daß Sie es furchtbar gern haben.

Richtlinien für Ihre Antworten

Gewiß können Sie auf solche Fragen mit Erklärungen antworten, aber Taten zählen in diesem Fall mehr: Nehmen Sie das Kind oft in den Arm, verbringen Sie Zeit allein mit ihm, machen Sie den einen oder anderen Ausflug nur mit ihm, bewundern Sie neue Fähigkeiten und denken Sie sich besondere Gutenachtgeschichten aus. Das Kind muß wissen, daß Sie fair und gerecht sind. Es mag zwar hie und da eine kleinere Ungerechtigkeit wahrnehmen, doch unterm Strich sollte sich alles ausgleichen. Ich habe meinen vier Kindern beigebracht, nicht in Stunden oder Tagen zu denken, sondern langfristig. Nachdem sie gemerkt hatten, daß im Laufe eines Jahres jeder einmal mit ein paar besonderen Streicheleinheiten an der Reihe war, vertrauten sie mir. Kinder lieben ohne Vorbehalt und brauchen dafür hin und wieder individuelle Aufmerksamkeit. Stärken Sie die Individualität des Kindes. Betonen Sie den Wert von Unterschieden. Heben Sie Begabungen und Leistungen hervor.

Was Sie ausserdem wissen sollten

Das Leben ist nicht immer gerecht, und die Familie ist der beste Ort, diese unangenehme Wahrheit zu lernen. Meine Söhne fanden nicht alle gleichermaßen leicht Freunde. Die extrovertierten taten sich leichter als die introvertierten. Das waren Fakten, und wir ließen uns einiges einfallen, um die Kinder dafür zu entschädigen. Manchmal ging das schief, und wir erklärten, daß auch wir Fehler machen. Der Satz »Das Leben ist kein Zuckerschlecken« fiel oft in unserem Haus.

Fragen, Fragen, Fragen ...

- *Warum kriegt er immer die schönsten Spielsachen?*
- *Warum kriegt sie immer mehr Süßigkeiten als ich?*
- *Warum wird sie nie ausgeschimpft?*
- *Warum muß ich in die Schule, er aber nicht?*
- *Wieso kriegt sie immer ein größeres Stück als ich?*

Siehe auch *Muß ich jetzt Papa zu ihm sagen? S. 56* • *Warum bin ich adoptiert worden? S. 58*

2–4 JAHRE

Wir sind ja nicht dauernd böse auf dich. Das kommt dir nur so vor, weil du immer daran denkst und dabei vergißt, daß wir dich oft auch loben. Wir sind sehr glücklich darüber, daß du unser kleiner Junge bist. Nach der Spielgruppe gehen wir in den Park – nur wir zwei, du und ich. Das Baby lassen wir zu Hause.

4–6 JAHRE

Du bist nicht immer schuld, aber je älter du wirst, desto genauer weißt du auch, was frech oder böse ist, also laß es doch einfach bleiben. Sarah ist kleiner als du und weiß noch nicht, was frech oder böse ist. Weil du soviel größer bist als sie, denken wir manchmal, du müßtest immer ganz vernünftig sein, fast wie ein Erwachsener. Das ist aber nicht fair, vor allem, weil du ja meistens ganz lieb bist. Und wir haben dich auch sehr lieb.

6–8 JAHRE

Ich weiß, es ist nicht schön, daß du früher als Julia ins Bett mußt, aber sie ist älter als du und braucht nicht so viel Schlaf. Wir haben sie nicht lieber als dich. Wir wissen nur, daß du sehr müde bist, wenn du so lange aufbleibst, und dann macht dir am nächsten Tag die Schule keinen Spaß. Und wir wollen doch, daß du glücklich bist und gut vorankommst. Julia darf nur deshalb länger aufbleiben und den Naturfilm sehen, weil in ihrer Klasse gerade dieses Thema durchgenommen wird. In den Ferien darfst du manchmal auch lange aufbleiben, denn da kannst du ja morgens lange ausschlafen.

8–11 JAHRE

Ich weiß, Manfred ist der Jüngste, deshalb sieht man ihm vieles nach. Aber du verwöhnst ihn ja auch, oder? Du schälst ihm seine Orangen, und wenn er müde ist, trägst du ihn auf den Schultern herum. Das jüngste Kind wird in vielen Familien verwöhnt. Wenn du glaubst, daß wir dich ungerecht behandeln, sag es uns, und ich lass' mir was einfallen. Vielleicht darf Manfred schon das eine oder andere, was du in seinem Alter noch nicht durftest. Aber du warst unser erstes Baby, da mußten wir erst mal lernen, wie man mit Kindern umgeht. Jetzt wissen wir es und sind bei den jüngeren nicht mehr so ängstlich. Aber du bist unsere Älteste und deshalb etwas ganz Besonderes. Und weil du dich so lieb um deine Geschwister kümmerst, hast du dir ein paar Vorrechte verdient. Du brauchst dein Zimmer nicht mehr mit Anna zu teilen. Wir renovieren es nach deinen Wünschen. Dann kannst du deine Freundinnen bei dir übernachten lassen. Ich habe dich lieb, wie du bist, und habe mir nie gewünscht, du wärst anders.

• *Was ist ein Schulhoftyrann? S. 82*

F Warum finde ich keine Freunde?

- *Warum habe ich keine beste Freundin?*
- *Wieso ärgert mich Susanne dauernd?*
- *Warum werde ich in der Schule immer ausgelacht?*

Vom Schulalter an kommt den Freundschaften Ihres Kindes große Bedeutung für seine emotionale und soziale Entwicklung zu. Manche Kinder finden problemlos überall Anschluß, andere bleiben immer einer bestimmten Person treu. Kräche gibt es in jeder Kinderfreundschaft. Wenn aber Ihr Kind längere Zeit Schwierigkeiten hat, Freundschaften zu schließen oder aufrechtzuerhalten, müssen Sie ihm mit einfühlsamen Maßnahmen helfen.

Was steckt hinter dieser Frage?

Ihr Kind ist vielleicht von Natur aus ein Einzelgänger und ganz glücklich damit. Solche Kinder sind oft selbstgenügsam und unabhängig; sie spielen seit frühester Kindheit ganz zufrieden allein vor sich hin, lassen sich leicht von Büchern und Spielen vereinnahmen. Viele lernen oftmals schon frühzeitig Lesen. Sie brauchen und vermissen keine Freunde. Sobald sie aber in die Sozialstruktur der Schule eingegliedert werden, kann es passieren, daß Mitschüler sie für »anders« halten und isolieren wollen. Das spürt Ihr Kind. Außerdem gibt es die üblichen Kabbeleien um die besten Freunde: »Katja ist nicht DEINE beste Freundin, sie ist MEINE!«. Schon Vierjährige fühlen sich verletzt, wenn sie ausgeschlossen werden. Die meisten Kinder schließen schon mit zwei Jahren gerne Freundschaften. In der Schule verbinden sich diese Fragen aber oft mit Schikanen, dann muß man der Sache auf den Grund gehen. Wird Ihr Kind schikaniert, lesen Sie meine Hinweise auf S. 82.

Richtlinien für Ihre Antworten

Ermutigen Sie Ihr Kind zu sozialem Verhalten. Bringen Sie ihm bei zu teilen sowie nett und freundlich zu anderen zu sein. Ungeliebte Kinder können das nicht. Mit fünf fangen viele an, sich einen bevorzugten Spielkameraden zu suchen. Laden Sie verschiedene Kinder zu sich nach Hause oder zu Ausflügen ein, damit Ihr Kind eine Auswahl hat. Sie können ein fremdes Kind nicht zwingen, nett zu Ihrem Sprößling zu sein. Aber wenn Sie es zu sich einladen, spielen Sie mit den beiden, damit Sie sehen, ob Ihr Kind entsprechend reagiert.

Ist Ihr Kind einsam und wünscht sich Freunde, so übertragen Sie ihm zur Stärkung seines Selbstbewußtseins ein paar verantwortliche Aufgaben. Fragen Sie auch die Lehrerin, ob sie Ihrem Kind und einem anderen, das zu ihm paßt, bestimmte Aufgaben übertragen kann, zum Beispiel das Austeilen von Arbeitsblättern. Solche kleinen Jobs heben das Ansehen des Kindes bei seinen Kameraden.

Was Sie ausserdem wissen sollten

Mit vier kann Ihr Kind schon über längere Zeiträume hinweg phantasievoll mit anderen Kindern spielen; Geschlecht, Hautfarbe, Herkunft und Kleidung spielen bei der Auswahl der Freunde noch keine Rolle. Fördern Sie gemischte Freundeskreise. Ein erfundener Freund, der manchmal als Sündenbock dient, ist Teil der normalen Entwicklung. Bleiben Sie geduldig und tolerant. Mit sieben oder acht geht diese Phase meist zu Ende, und die Kinder wissen zwischen Phantasie und Realität zu unterscheiden. Spielt der eingebildete Freund auch später noch eine Rolle, so kann dies ein Zeichen von Einsamkeit sein. Ab sechs Jahren kann der Einfluß von Schule und Spielkameraden größer sein als der der Eltern. Gibt es Probleme mit Freunden und Freundinnen, beraten Sie sich mit der Lehrerin. Gemeinsam können Sie Ihrem Kind zeigen, wie man am besten Spielkameraden findet.

Fragen, Fragen, Fragen ...

- ***Wie finde ich eine beste Freundin?***
- ***Wie finde ich Freunde?***
- ***Wieso will Dominik nicht mit mir spielen?***
- ***Warum werde ich nie für eine Mannschaft ausgewählt?***
- ***Wieso siehst du meinen (eingebildeten) Freund nicht?***

Siehe auch *Warum muß ich in die Schule? S. 64* • *Was ist ein Schulhoftyrann? S. 82*

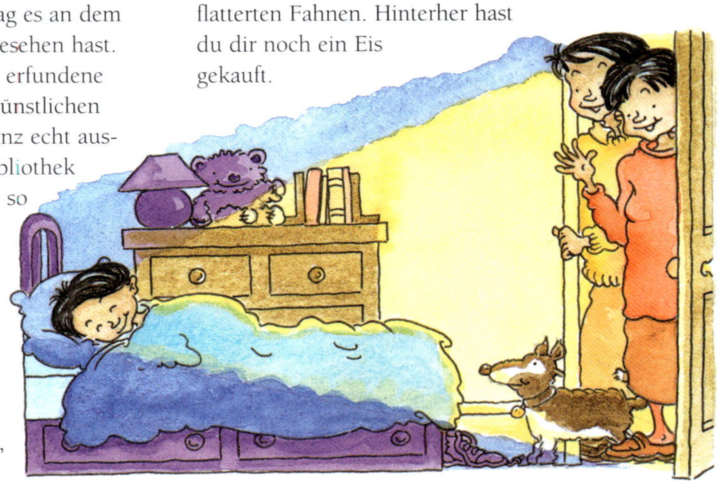

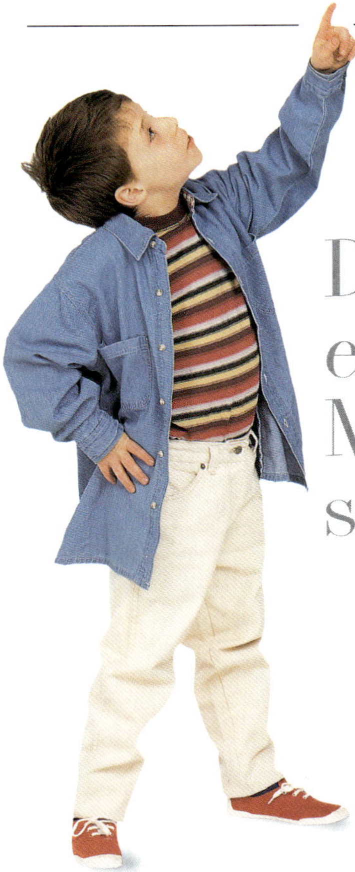

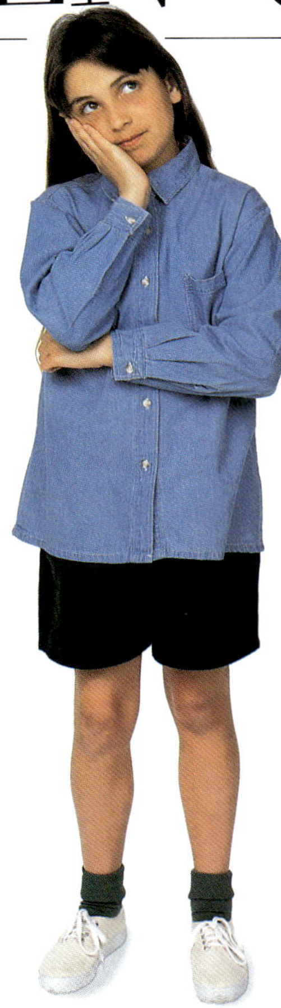

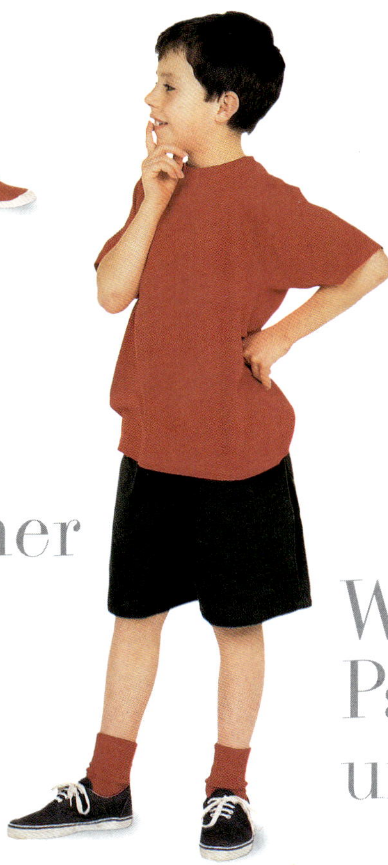

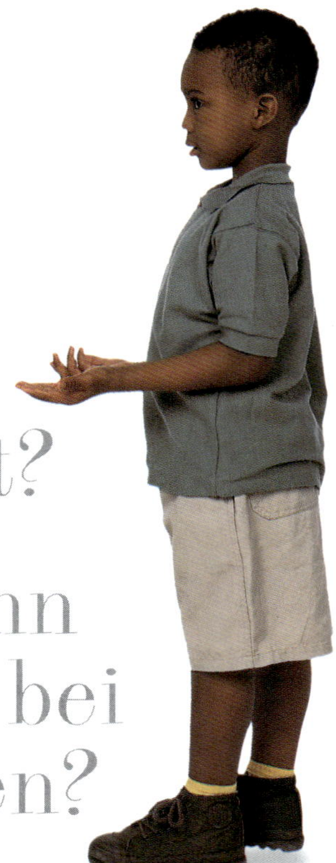

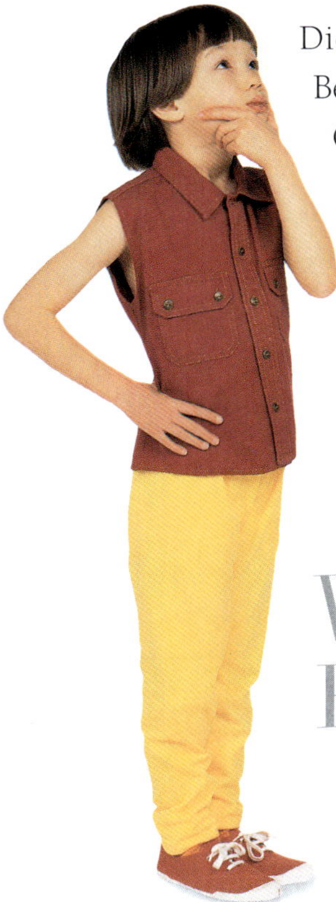

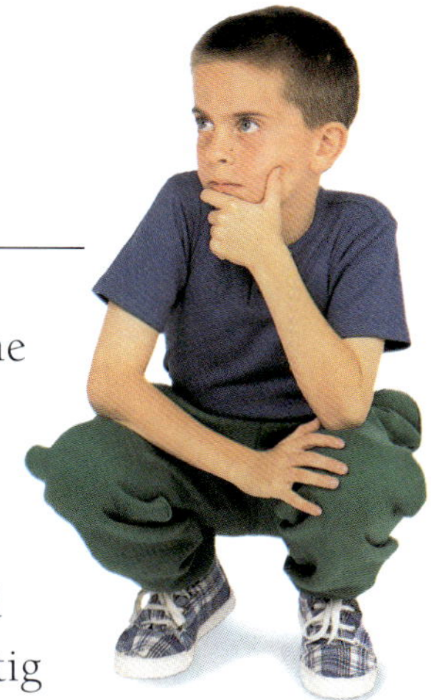

2–4 JAHRE

Es ist schön, wenn man alles mit Freunden teilen kann. Wollen wir Barbara einladen, damit sie sich dein Spielhaus anguckt? Danach helft ihr mir beim Kuchenbacken. Morgen könnten wir Hans einladen, und ihr könnt zusammen mit deinen Sachen spielen.

4–6 JAHRE

Es macht nichts, wenn du stiller bist als andere Kinder, und es heißt ganz bestimmt nicht, daß dich niemand mag. Es gibt noch andere Kinder, die lieber malen und Bücher lesen. Von Matthias weiß ich es genau. Frag ihn doch, ob er mit dir mal in die Schulbibliothek geht. Freunde sind was Schönes, man kann mit ihnen lachen und findet oft die gleichen Dinge gut. Du brauchst nicht unbedingt viele Freunde – aber die Kinder, die du am liebsten magst, laden wir zu deinem Geburtstag ein.

6–8 JAHRE

Sandra hat viele verschiedene Freundinnen. Deshalb ist es ihr wahrscheinlich nicht recht, wenn sie in der Schule immer nur deine beste Freundin sein soll. Lad sie doch mal am Samstag zu uns ein, dann könnt ihr ganz lange zusammen sein. Deine Phantasiefreundin hab ich nie gesehen, weil sie deine Erfindung ist. Schön für dich, jemanden zu haben, mit dem du spielen kannst, wenn du allein bist. Aber echte Freundinnen sind auch was Schönes, deshalb laden wir Sonja mal ein – auch wenn du behauptest, deine Phantasiefreundin kann sie nicht leiden.

8–11 JAHRE

Die anderen Kinder lachen dich bestimmt nicht deshalb aus, weil sie dich nicht mögen. Vielleicht macht es sie nervös, daß du so oft deine eigenen Wege gehst. Alle Menschen wollen, daß man sich für sie interessiert. Zeig ihnen, daß du dich für das, was sie denken und tun, interessierst – dann schließen sie wahrscheinlich gerne Freundschaft mit dir. Wenn du dich immer abseits hältst, denken sie vielleicht, du bleibst lieber für dich, obwohl sie dich in Wirklichkeit gern zum Freund oder in ihrer Mannschaft hätten. Laß sie merken, daß du mitmachen willst, oder frag sie einfach. Aber besonders viele Freunde brauchst du nicht, wenn du nicht magst. Wir können ja mal einen Freund ins Kino oder zur Pizza einladen. Oder ich nehme euer Fußballspiel am Sonntag auf Video auf, dann könnt ihr es euch gemeinsam anschauen. Vielleicht darf er am Wochenende über Nacht bleiben. Denk mal darüber nach.

F Warum muß ich in die Schule?

- *Warum muß ich in die Spielgruppe / in den Kindergarten?*
- *Muß ich in dieselbe Schule gehen wie Thomas?*
- *Kann ich nicht eine andere Klassenlehrerin haben?*

Es ist ganz natürlich, wenn Kinder zunächst zögern, ihr vertrautes Zuhause zu verlassen, um in den Kindergarten oder in die Schule zu gehen. Eltern sollten indessen Problemen, die nach der Eingewöhnungsphase auftauchen, besondere Beachtung schenken. Bei älteren Kindern, die schon einige Jahre zur Schule gehen, können die Probleme tiefer sitzen und sollten verständnisvoll behandelt werden.

Was steckt hinter dieser Frage?

Vielleicht handelt es sich nur um eine Laune oder das Kind probiert aus, wie weit es gehen kann. In diesem Fall müssen Sie hart bleiben. Bringen Sie die angenehmen Seiten der Schule zur Sprache, betonen Sie die positiven Dinge, auf die Ihr Kind sich schon gefreut hat. Ein Kind, das in den Kindergarten kommt oder eingeschult wird, braucht eine gewisse Eingewöhnungszeit. Gelegentlich muß man allerdings nachhaken, etwa bei der Frage: »Kannst du mir mehr Geld in die Schule mitgeben?« Es kann sein, daß sich kleine Erpresser auf dem Schulhof herumtreiben oder daß man die Schule schwänzen will; Ihr Kind ist vielleicht Opfer von Schikanen oder es langweilt sich. Echte Schulphobie – irrationale Schulangst – ist höchst selten, kann aber auch nicht völlig ausgeschlossen werden. Wenn Ihr Kind vor lauter Schulangst krank wird, brauchen Sie vielleicht professionelle Hilfe.

Richtlinien für Ihre Antworten

Eine der Grundregeln fürs Leben besteht darin, daß man mit guten und schlechten Erfahrungen gleichermaßen fertig werden und konstruktive Kritik ertragen können muß. Die Schule ist der Ort, wo Ihr Kind diese unschätzbare Lektion lernt – mit Ihrer Hilfe und der des Lehrpersonals. Haben Sie jederzeit ein offenes Ohr und Mitgefühl für Ihr Kind. Geben Sie ihm zu verstehen, daß es auf Ihre Hilfe zählen kann. Vielleicht bittet Sie Ihr Kind, Schulregeln zu umgehen oder manchmal sogar eine Entschuldigung fürs Schwänzen zu schreiben; meine haben das alle getan. Ich habe immer das gleiche darauf geantwortet: Die Regeln passen uns vielleicht nicht immer, aber sie dienen einem bestimmten Zweck, und deshalb halten wir uns dran, solange ihr in die Schule geht. Spüren Sie an den Fragen Ihres Kindes, daß es schikaniert wird oder die Schule schwänzt, sollten Sie es dem Klassenlehrer mitteilen und Wert darauf legen, daß die Schulleitung der Sache nachgeht (s. Richtlinien, S. 82).

Was Sie ausserdem wissen sollten

Kinder unter acht können noch nicht unterscheiden, was richtig und falsch ist. Einmal kam mein siebenjähriger Sohn mit düsterer Miene aus der Schule. Auf meine Frage sagte er: »Die Welt ist grausig.« Es stellte sich heraus, daß er sich Sorgen machte, weil er Schwierigkeiten mit dem Einmaleins hatte. Lehnt Ihr Kind einen Lehrer rigoros ab oder hat es Angst vor ihm, sprechen Sie zuerst mit dem Klaßleiter – auch dann, wenn er selbst der Betroffene ist. Ein Kind kann seine Schulängste auf eine bestimmte Person übertragen. Ändert sich nach dem Gespräch nichts, gehen Sie zum Schulleiter. Die Geburt eines Babys kann dazu führen, daß ein Erstkläßler nur widerwillig zur Schule geht – er fühlt sich zurückgesetzt oder ist eifersüchtig, weil das Baby bei Ihnen bleiben darf. Versuchen Sie, den Tag arbeitsteilig zu organisieren: Sie bleiben beim Baby, Ihr Partner begleitet das Kind zur Schule oder umgekehrt. So hat es jeweils einen Elternteil eine Zeitlang für sich.

Fragen, Fragen, Fragen …

- ***Kannst du mich nicht jeden Tag in die Schule bringen?***
- ***Kann ich nicht zu Hause bleiben und mit Melanie spielen?***
- ***Kann ich mehr Geld für die Schule kriegen?***
- ***Darf ich ein einziges Mal Schule schwänzen?***
- ***Darf ich bei dir und dem Baby zu Hause bleiben?***

Siehe auch *Warum finde ich keine Freunde? S. 62* • *Was ist ein Schulhoftyrann? S. 82*

2–4 JAHRE

Im Kindergarten triffst du all deine Freunde und spielst mit Sachen, die wir nicht haben. Nach dem Kindergarten darfst du ein anderes Kind mitbringen und mit ihm spielen. Außerdem darfst du bestimmen, was es zum Abendessen geben soll.

4–6 JAHRE

Ich kann dich nicht immer zur Schule bringen, weil ich mich um unsere kleine Maria kümmern muß, wenn Papa zur Arbeit geht. Heute bleibt er aber zu Hause und paßt selbst auf das Baby auf. Deshalb bringe ich dich jetzt zur Schule, und du kannst mir zeigen, was für tolle Sachen ihr da macht. Daß die Lehrer euch so streng vorkommen, liegt daran, daß sie sich um so viele Kinder kümmern müssen. Eigentlich sind sie ganz nett.

6–8 JAHRE

In die Schule geht man vor allem, damit man später glücklich ist und die Dinge tun kann, die einem Spaß machen. Wenn du schön lernst, kannst du dir später jeden beliebigen Beruf aussuchen. Es lohnt sich also! Du hast mir mal erzählt, du wolltest Weltraumforscher werden. Das klappt aber nur, wenn du gut schreiben, lesen und rechnen kannst. Frau Schmidt hat dich sicher gern. Warum glaubst du, sie könnte dich nicht leiden? Bist du sicher, daß sie sich nicht bloß über eine Kleinigkeit geärgert hat? Wenn du etwas nicht verstehst, sprechen wir zu Hause noch einmal darüber. Außerdem werde ich mich in den nächsten Tagen noch einmal ausführlich mit deiner Lehrerin unterhalten.

8–11 JAHRE

Es wäre schon besser, wenn du heute nicht fehlen würdest, weil du dann vielleicht etwas versäumst, das du nachholen mußt. Stimmt denn in der Schule etwas nicht? Ihr habt heute Zeichnen, das magst du doch so gerne. Ja, du hast recht, nicht alle Kinder sind nett zu dir, und bei manchen Lehrern ist der Unterricht sicher nicht sehr interessant. Aber damit muß man sich abfinden. Mama und Papa müssen auch oft mit Menschen zusammenarbeiten, die sie nicht mögen. Trotzdem müssen wir höflich zu ihnen sein. Warum willst du mehr Taschengeld? Robert nimmt dir dein Geld weg, sagst du? Wenn er es noch einmal tut, sag es uns oder deiner Lehrerin. Dann unternehmen wir etwas dagegen.

FRAGEN ÜBER

Was heißt »rassistisch«?

Warum ist meine Haut hell?

Warum hat das Mädchen so viele Locken?

Ist er schon so auf die Welt gekommen?

Wird sie wieder gesund?

UNTERSCHIEDE

Kinder kommen ohne Vorurteile auf die Welt – diese werden ihnen beigebracht. Das ist eines der wichtigsten Argumente, an das Sie stets denken sollten, wenn Ihre Kinder anfangen, Ihnen Fragen über religiöse und rassische Unterschiede, Behinderungen oder alternative Lebensformen – wie beispielsweise Vegetariertum – zu stellen. Grundlage Ihrer Antworten ist also die Aussage, daß innerlich alle Menschen gleich sind und daß man sich vor äußerlichen Unterschieden nicht zu fürchten braucht. Fragen über Rassenunterschiede und Behinderungen geben Ihnen die Chance, Ihren Kindern Werte wie Toleranz und Anerkennung näherzubringen. Andere Menschen nach ihrem Aussehen oder ihrer Ernährungsweise zu beurteilen, ist falsch – darauf sollten Sie Ihr Kind immer wieder hinweisen.

Kinder haben einen angeborenen Sinn für Gerechtigkeit und Fairneß. Darauf können Sie aufbauen. Schwächen oder zerstören Sie ihn nicht durch die Förderung von Klischeevorstellungen.

Was ist ein Vegetarier?

Ißt du Fleisch?

Warum soll man niemanden anstarren?

F Warum ist meine Haut hell?

- *Warum hat er eine andere Hautfarbe als ich?*
- *Warum hat sie so einen Lockenkopf?* • *Was bedeutet »Rassismus«?*
- *Warum ißt Akasi keine Würstchen?*

Rassische Vorurteile bei Kindern spiegeln stets die Einstellung der Eltern oder bestimmter Spielkameraden wider. Ohne diese Beeinflussungen von außen haben Kinder keine Vorurteile. Das soll nicht heißen, daß ihnen keine Unterschiede auffallen. Wenn Kinder Fragen stellen über das, was sie beobachtet haben, sollten die Eltern nicht überreagieren.

Was steckt hinter dieser Frage?

Kinder stören sich nicht an rassischen und ethnischen Unterschieden wie andere Kleidung oder Hautfarbe – es sei denn, es wird ihnen von Erwachsenen eingetrichtert. Beobachten Sie einmal auf dem Spielplatz eine Gruppe von Vier- bis Fünfjährigen unterschiedlicher Herkunft. Sie werden schnell merken, daß dort Gleichberechtigung herrscht. Fragen können sich ganz naiv aus Beobachtungen und Vergleichen der Kinder ergeben, aber rassistische Äußerungen werden irgendwo aufgeschnappt – ein Alarmsignal, das einer entsprechenden Reaktion bedarf. Ältere Kinder können durch Medienberichte auf Rassismus und Fremdenhaß aufmerksam gemacht worden sein, zum Beispiel durch Meldungen über Rassenunruhen und Fälle von Ausländerdiskriminierung. Auch wenn Sie Ihr Kind zur Toleranz erzogen haben, werden Sie ihm beibringen müssen, daß manche Menschen voller bigotter Vorurteile stecken und Mut dazugehört, ihnen entgegenzutreten.

Richtlinien für Ihre Antworten

Versuchen Sie immer, die Ansichten jener zu erklären, die sich körperlich oder aufgrund ihrer Traditionen von anderen unterscheiden. Zeigen Sie Ihrem Kind, daß diese Unterschiede normale Abweichungen sind, keinesfalls Anzeichen für Über- oder Unterlegenheit. Erklären Sie, daß Rassisten unrecht haben und aus Angst oder Unwissenheit handeln. Sagen Sie Ihrem Kind, daß man jeder Art von Diskriminierung strikt entgegentreten muß und daß Sie es immer unterstützen werden, wenn es sich für Fairneß und Gerechtigkeit einsetzt. Es darf sich dabei aber nicht selbst in Gefahr bringen.

Was Sie sonst noch wissen sollten

Fragen Sie Ihr Kind, was es selber von diesen Vorurteilen hält. In den meisten Fällen werden Sie merken, daß es von Natur aus fair ist. Erzeugen Sie keine Vorurteile in Ihren Kindern, indem Sie sich herabsetzend über Menschen äußern, die sich durch Rasse, Religion, Kleidung oder Hautfarbe von Ihnen unterscheiden, und machen Sie sich auch nicht über diese Menschen lustig. Wenn Sie selbst Vorurteile haben, verschonen Sie Ihr Kind davon. Es ist von Natur aus gegen Vorstellungen von rassischer Über- oder Unterlegenheit gefeit und sollte weder in Wort noch Tat mit solchem Gedankengut infiziert werden. Kinder unter sechs interessieren sich nur für die Unterschiede zwischen den Geschlechtern.

Fragen, Fragen, Fragen ...

- *Warum hassen die Leute jemanden, der anders aussieht?*
- *Warum wird Akasi immer so beschimpft?*
- *Was soll ich tun, wenn man so böse Sachen über mich sagt?*
- *Warum trägt Sabiha andere Kleider als wir?*

Siehe auch *Was ist Religion? S. 46* • *Warum kann sie nicht gehen? S. 70* • *Was ist ein Schulhoftyrann? S. 82*

2–4 JAHRE

Menschen aus verschiedenen Teilen der Welt sehen oft völlig anders aus, genauso wie es ganz unterschiedliche Vögel gibt. Aber egal wie wir auch aussehen – wir sind alle Menschen.

4–6 JAHRE

Menschen aus verschiedenen Teilen der Welt tragen oft unterschiedliche Kleider. In manchen Gebieten ist es sehr kalt, in anderen hingegen heiß und feucht. Die Menschen suchen sich die dazu passende Kleidung aus. Wenn sie dann mal in andere Länder reisen, tragen sie oft die Kleider, die sie von zu Hause schon gewohnt sind.

6–8 JAHRE

Manche Leute fürchten sich vor anderen Menschen, die nicht so aussehen wie sie und anders sprechen. Wer Angst hat, bildet sich manchmal Dinge ein, die nicht stimmen. Wir alle sind Menschen und haben die gleichen Vorfahren – auch wenn die Asiaten, Afrikaner und Europäer inzwischen unterschiedlich aussehen. Wir sollten aber die Menschen so nehmen, wie sie sind, auch wenn sie anders aussehen und anders leben als wir. Leider gibt es Dummköpfe, die Fremde verfolgen und verhindern wollen, daß sie Arbeitsplätze und Wohnungen bekommen. Es ist richtig, daß du dich für Akasi einsetzt. Wenn ihn jemand beschimpft, sag ihm, daß er das bleiben lassen soll. Und sag deiner Lehrerin oder mir Bescheid.

8–11 JAHRE

Manche Menschen werden aus Angst aggressiv. Um sich wichtiger vorzukommen, machen sie sich über Menschen, die anders aussehen, lustig. Manchmal werden sie sogar gewalttätig und versuchen, andere herabzusetzen. Das ist natürlich nicht richtig; nur, weil du jemanden niederschlägst, bist du kein besserer Mensch als er. Es gibt sogar Leute, die Kriege anzetteln, weil sie andere Völker für minderwertig halten und unterdrücken wollen. Das ist *niemals* richtig. Kein Mensch hat das Recht, andere Menschen zu verletzen, geschweige denn zu töten. Vor Leuten, die so etwas behaupten, mußt du dich in acht nehmen. Sprich mit uns darüber. Wenn sie dich beschimpfen, kümmere dich nicht darum – geh einfach weg. Sie tun das nur aus Unwissenheit. Wenn du miterlebst, wie andere wegen ihres Aussehens mißhandelt werden, versuch es zu verhindern, es sei denn, du bringst dich damit selber in Gefahr. Sag uns in solchen Fällen Bescheid, und wir werden sehen, was wir tun können. Manche Leute glauben, Menschen mit brauner Haut seien besser als solche mit heller Haut oder umgekehrt. Das ist falsch. Alle Menschen sind gleich und haben die gleichen Rechte.

F Warum kann sie nicht gehen?

- *Warum sieht er so komisch aus?* • *Warum ist sie so krumm?*
- *Warum kann er nicht richtig sprechen?* • *Wird sie wieder gesund?*
- *Warum sitzt sie im Rollstuhl?* • *Werde ich immer so aussehen?*

Kinder erkennen Abweichungen von der Norm und äußern sich darüber. Doch ebensowenig wie bei ihren Kommentaren über Menschen aus anderen Kulturkreisen bedeutet dies, daß sie Vorurteile gegen Behinderte haben oder sich ekeln. Dazu kommt es nur, wenn Sie die Fragen Ihrer Kinder zu diesem Thema nicht sachlich und einfühlsam beantworten.

Was steckt hinter dieser Frage?

Anders als manche Erwachsene fühlt sich Ihr Kind in Gegenwart Behinderter völlig unbefangen. Vielleicht starrt es den Betroffenen an, doch geschieht dies aus reiner Neugier, während einem Erwachsenen die Begegnung eher peinlich oder sogar unangenehm ist. Ihr Kind interessiert sich im Grunde nur für die Unterschiede zwischen sich selbst und dem Behinderten und will wissen, wie sie entstanden sind, ob ihm Ähnliches zustoßen kann und ob eine Behinderung von Dauer ist. Ist Ihr Kind selbst behindert, wird es Ihnen Fragen über Menschen mit anderen Behinderungen stellen. In all diesen Punkten können Sie beruhigend auf das Kind einwirken. Betonen Sie, daß Behinderte die gleichen Rechte haben wie alle anderen Menschen, daß es aber oft nicht leicht ist, mit der Behinderung zurechtzukommen. Machen Sie Ihrem Kind klar, welche Kraft es kostet, ein bestimmtes Handicap zu überwinden.

Richtlinien für Ihre Antworten

Lassen Sie sich nicht anmerken, daß Ihnen eine Frage Ihres Kindes peinlich ist. Geben Sie ehrliche Antworten. Sie können ihm erklären, daß Behinderungen oft Folgen von Unfällen vor oder während der Geburt sind. Ein nicht behindertes Kind wird beruhigt zu Kenntnis nehmen, daß es diese nicht ungefährliche Phase ohne gesundheitliche Schäden überstanden hat. Die meisten Behinderungen sind dauerhaft, doch kann man durch Aufklärung und Erziehung sowie den Bau behindertengerechter Einrichtungen – z. B. in Gebäuden und öffentlichen Verkehrsmitteln – den Betroffenen so weit entgegenkommen, daß sie ihr volles Potential ausschöpfen können. Ermutigen Sie Ihr Kind, Behinderte zu fragen, ob es ihnen helfen kann, und das, wenn erwünscht, auch zu tun.

Was Sie sonst noch wissen sollten

Achten Sie auf direkten Blickkontakt, wenn Sie mit Behinderten sprechen, und halten Sie auch Ihr Kind dazu an. Sie können mit Ihrem Kind auch einmal ein Heim für behinderte Kinder besuchen oder behinderte Menschen auf Ausflügen begleiten – z. B. bei Kino- und Theaterbesuchen. Sie fördern auf diese Weise die fürsorglichen Instinkte Ihres Kindes.

Behinderte Kinder werden heute zum Teil schon in normale Schulen integriert. Wenn eine Schule in Ihrer Nähe die Behindertenintegration aktiv fördert, können Sie sich glücklich schätzen – egal, ob Ihr Kind behindert ist oder nicht. Halten Sie sich bei der Beantwortung der Fragen Ihrer Kinder an die Ratschläge der Lehrer, die speziell in Behindertenpädagogik und -integration ausgebildet sind. Ihr Kind muß begreifen lernen, daß körperliche Behinderungen nicht auf Begriffsstutzigkeit oder mangelnde Intelligenz schließen lassen und daß Behinderte, wie alle anderen Menschen auch, Gefühle haben, die man achten muß. Ebenso wichtig ist es, das Verständnis für die Probleme lernbehinderter Menschen zu fördern. Erklären Sie Ihrem Kind, daß diese Menschen das Leben aus einer anderen Perspektive erfahren, aber in keiner Weise schlechter oder weniger wert sind als andere.

Fragen, Fragen, Fragen ...

- *Ist sie schon so auf die Welt gekommen?*
- *Warum darf man ihn nicht anstarren?*
- *Ist sie sonst genauso wie ich?*
- *Soll ich helfen, wenn jemand an einem weißen Stock geht?*
- *Warum kann Oma mich nicht hören?*

Siehe auch *Wo komme ich her? S. 12* • *Warum ist meine Haut hell? S. 68* • *Was ist ein Schulhoftyrann? S. 82*

2–4 JAHRE

Das kleine Mädchen ist nicht krank, es braucht nur Hilfe bei bestimmten Dingen. Auch manche älteren Leute brauchen Hilfe, so wie Oma. Sie hört jetzt ein bißchen schwer, aber bald bekommt sie einen Hörapparat, dann versteht sie wieder besser.

4–6 JAHRE

Behinderte können nicht all das tun, was andere können, deshalb glauben die Gesunden manchmal, sie bräuchten Hilfe. Sie wollen bloß freundlich sein. Wenn sie dich also fragen, du aber keine Hilfe brauchst, antworte einfach höflich: »Nein, danke.« Du bist übrigens sehr geschickt, weil du schon so gut mit deinen Hilfen umgehen kannst. Wir haben dich sehr lieb. Du bist ein ganz besonderer Schatz für uns.

6–8 JAHRE

Sein Körper ist wahrscheinlich deshalb so verdreht, weil sein Gehirn bei der Geburt nicht genug Sauerstoff bekommen hat. Das Gehirn kann dann den Muskeln nicht mehr die richtigen Befehle geben. Der Junge kann nichts dafür, und es ist bestimmt nicht immer leicht für ihn. Aber er wird lernen, daß er vieles allein tun kann, auch wenn er sich jetzt noch sehr schwer damit tut. Er geht in die Schule, genau wie du. Behinderte sind innerlich nicht anders als wir, auch wenn sie bestimmte alltägliche Dinge, die für uns zwei ganz selbstverständlich sind, nur mit besonderen Hilfsmitteln und viel Übung bewältigen können.

8–11 JAHRE

Es gibt nur zwei Bereiche, in denen sich Behinderte von dir unterscheiden: Entweder können sie bestimmte Dinge körperlich nicht leisten oder sie denken anders als du. Die meisten überwinden ihre Behinderung mit der Zeit und führen ein glückliches Leben – viele heiraten sogar und haben Kinder. Du darfst dich niemals über jemanden lustig machen, nur weil er anders aussieht oder spricht als du oder weil er eine Gehhilfe braucht. Denke stets daran, daß Behinderte die gleichen Rechte haben wie alle anderen Menschen. Wenn du mit einem Behinderten sprichst, schau ihm in die Augen und sieh nicht weg. Auch Behinderte haben ein Recht auf ihre Privatsphäre – deshalb sollte man ihnen nicht nachspionieren, nur weil man wissen will, ob ihnen etwas fehlt. Und obwohl es ein Zeichen von Verantwortungsgefühl ist, wenn Gesunde sich um sie kümmern wollen, haben Behinderte auch das Recht, Hilfe abzulehnen.

F Muß ich unbedingt Fleisch essen?

- *Warum essen wir Fleisch?* • *Warum lassen wir Tiere leiden?*
- *Müssen wir Tiere essen, damit wir gesund bleiben?*
- *Warum essen manche Leute kein Fleisch?* • *Was ist ein Vegetarier?*

Tierschutz ist Kindern oft schon erstaunlich früh ein Begriff, zumal sich immer mehr populäre Kino- und Fernsehfilme mit dem Thema befassen. Es dauert nicht lang, und die Verbindung zwischen dem Lämmchen auf der Weide und dem Braten in der Röhre ist hergestellt. Manche Kinder weigern sich dann, Fleisch zu essen.

Was steckt hinter dieser Frage?

Kinder reagieren viel sensibler auf die Leiden von Tieren als Erwachsene, denn ihr Mitgefühl ist noch nicht getrübt von Rechtfertigungen wie: »Fleisch schmeckt gut/ist gesund.«, »Tiere fühlen nicht wie wir.«, »Tierfelle halten die Menschheit schon seit Urzeiten warm.«. Kinder denken nur an den Schmerz – und da sie Tiere mit Menschen gleichsetzen, sind sie der Meinung, Tiere hätten die gleichen Rechte wie wir. Dies ist eine unschuldige, klare und direkte Vorstellung. Sie ist durchaus legitim und sollte ernst genommen werden. Es handelt sich nicht um Sentimentalität; vielmehr geht es um Fairneß und Gerechtigkeit im Umgang mit allen Lebewesen.

Richtlinien für Ihre Antworten

Sie können Ihre Kinder nicht einerseits zu Toleranz, Freundlichkeit und Mitgefühl erziehen und andererseits erwarten, daß sie Grausamkeiten gegen Tiere widerspruchslos hinnehmen. Freuen Sie sich über den Gerechtigkeitssinn Ihres Kindes und fördern Sie ihn. Die gesellschaftliche Einstellung zum Tierschutz ist im Wandel begriffen. Jeder sollte über die Rechte der Tiere nachdenken und sie respektieren. Haustieren kommt eine Sonderrolle zu, weil sie ihren Besitzern viel bedeuten. Kinder, die sich um Haustiere kümmern, lernen praktische Nächstenliebe, und niemand wird dagegen etwas einzuwenden haben. Respektieren Sie also den Wunsch Ihres Kindes, wenn es – ob Haustierbesitzer oder nicht – die logische Verbindung zwischen Tieren und Lebensmitteln herstellt und lieber kein Fleisch mehr ißt. Seien Sie flexibel und tolerant. Machen Sie sich nicht lustig über Ihr Kind, wenn es Tiere gern hat und sie nicht essen will. Tun Sie es doch, fühlt sich Ihr Kind im Stich gelassen und vertraut sich Ihnen künftig vielleicht nicht mehr an, wenn es Hilfe braucht.

Was Sie ausserdem wissen sollten

Kleinkinder, die kein Fleisch essen wollen, realisieren noch nicht, daß es von einem geschlachteten Tier stammt. In diesem Alter beruhen bestimmte Vorlieben beim Essen weit mehr auf dem sich wandelnden Geschmackssinn und kindlicher Experimentierfreude – oder auf der Erkenntnis, daß man sich bei den Mahlzeiten als Persönlichkeit profilieren kann.

Sie können ganz beruhigt sein: Selbst rein vegetarische Kost schadet Ihrem Kind nicht. Allerdings sind möglicherweise zusätzliche Vitamingaben aus der B-Gruppe nötig, vor allem Vitamin B12, das nicht in Pflanzen enthalten ist. Unterstützen Sie die Entscheidung Ihres Kindes, vegetarisch zu leben, indem Sie soviel wie möglich darüber lesen und dafür sorgen, daß Ihr Kind ein abwechslungsreiches Angebot an vegetarischen Speisen erhält. Um alle wichtigen Nährstoffe aus pflanzlichen Quellen zu erhalten, braucht der Körper große Nahrungsmengen. Vergessen Sie das nicht, wenn Sie selbst Vegetarier sind, und bedenken Sie, daß es für ein Kind mitunter nicht einfach ist, sich an die nötigen großen Portionen zu gewöhnen. Stellen Sie das Wohl Ihres Kindes über Ihr vegetarisches Ethos.

Fragen, Fragen, Fragen ...

- ***Können Kinder Vegetarier sein?***
- ***Warum töten wir Tiere, um sie zu essen?***
- ***Tut es den Tieren weh, wenn sie geschlachtet werden?***
- ***Wie werden Tiere geschlachtet?***

Siehe auch *Was passiert, wenn man stirbt? S. 40* • *Was ist Religion? S. 46*

Es ist gut, wenn du ein bißchen Fleisch und Fisch ißt, und es ist auch leichter, weil du sonst große Teller voll Gemüse essen müßtest. Aber wir kochen nur ein- oder zweimal die Woche Fleisch, und du kannst statt dessen Käse oder Eier bekommen.

2–4 JAHRE

Du brauchst keinen Braten zu essen, wenn du nicht magst, aber du solltest ein bißchen weißes Fleisch essen, wie Fisch, Truthahn oder Hähnchen. Ja, natürlich kannst du auch Fischstäbchen essen, wenn dir das lieber ist als frischer Fisch. Je weniger Fleisch du ißt, um so mehr Gemüse und Obst brauchst du, damit du groß und stark wirst. Versuche einfach, so viele verschiedene Sachen wie möglich zu essen.

4–6 JAHRE

Vegetarier sind Menschen, die kein Fleisch essen, nicht einmal Hähnchen, Pute oder Fisch. Manche glauben, daß es unrecht ist, Tiere leiden zu lassen, nur damit wir ihr Fleisch essen können. Das gilt besonders für Schlachttiere, die oft auf engstem Raum gehalten und unter scheußlichen Bedingungen transportiert werden. Andere Leute lehnen den Anbau so großer Mengen Futterpflanzen für Schlachttiere ab, wo doch gleichzeitig viele Menschen auf der Erde nicht genug zu essen haben. Sie meinen, das Land sollte besser zum Anbau von Getreide für Menschen genutzt werden.

6–8 JAHRE

Die meisten Menschen sind sogenannte »Allesfresser«, das heißt, wir können pflanzliche und tierische Nahrung zu uns nehmen. Wir haben Zähne, mit denen wir Fleisch beißen und kauen können, und in unserem Verdauungssystem gibt es chemische Stoffe – sogenannte Enzyme –, die das tierische Eiweiß aus dem Fleisch lösen. Da schon kleine Mengen Fleisch sehr viel Eiweiß enthalten, ist es sehr nahrhaft. Um dieselbe Menge an Eiweiß aufzunehmen, müssen Vegetarier große Portionen an Obst und Gemüse essen. Was mit den Tieren vor sich geht, wenn sie sterben, wissen wir nicht genau. Tatsache ist, daß ihnen danach nichts mehr weh tut. Die Tiere, die wir essen, werden so schmerzlos wie möglich getötet, aber wenn du kein Fleisch magst, weil du meinst, kein Tier sollte leiden müssen, dann richte ich mich beim Kochen danach. Wie wär's, wenn wir zusammen einkaufen gingen? Du kannst dir aussuchen, welche vegetarischen Lebensmittel du am liebsten magst. Wir probieren dann aus, wie man sie am besten zubereitet.

8–11 JAHRE

FRAGEN ZUR

Warum soll ich nicht mit Fremden reden?

Warum rauchen die Leute?

Muß ich ihn küssen?

Tut Aids weh?

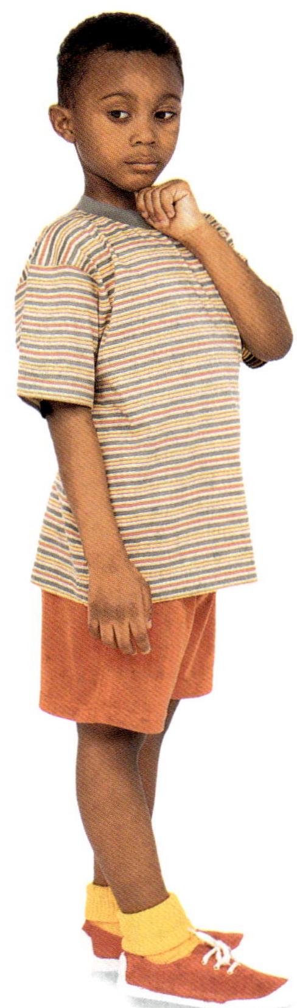

Kann ich nicht einfach zurückschlagen?

Was ist ein Schulhoftyrann?

GESUNDHEIT

Wahrscheinlich bangen die Eltern von heute mehr um die Gesundheit und Sicherheit ihrer Kinder als in früheren Generationen. Die Welt mag zwar nicht gefährlicher sein als vor fünfzig Jahren, doch sind sich die Eltern der potentiellen Gefahren für ihre Kinder immer bewußter geworden. Das Wissen um sexuellen Mißbrauch und Gewalt gegen Kinder ist weit verbreitet; überall wird ausführlich über die durch Drogen-, Tabak- und Alkoholkonsum verursachten Gesundheitsschäden berichtet, und die Ausbreitung von Aids – einer Krankheit, die automatisch ein Klima von Angst und Unsicherheit schafft – ist ein sich ständig wiederholendes Medienthema. Kein Wunder, daß Sie sich oft fragen, wie Sie die Kleinen vor all diesen Gefahren bewahren sollen, auf der anderen Seite aber manchmal auch das Gefühl haben, überängstlich zu sein. Kinder müssen wissen, daß sie jederzeit mit allen Problemen zu Ihnen kommen können und daß sie von Ihnen ernst genommen werden. Sie, die Eltern, können dieses Vertrauen aufbauen und festigen, indem Sie zuhören, wenn Ihre Kinder Fragen stellen, indem Sie glauben, was sie Ihnen erzählen, und immer zur Antwort bereit sind. Wenn Ihre Kinder über die erforderlichen Informationen zum Selbstschutz verfügen, entwickeln sie im Laufe des Heranwachsens in allen Bereichen der Gesundheit und persönlichen Sicherheit ein Gefühl der Verhältnismäßigkeit.

Warum schreist du mich so an?

Warum betrinken sich manche Leute?

F Darf ich mit Fremden reden?

- *Warum darf ich von Fremden keine Geschenke annehmen?*
- *Warum darf ich nicht zu Fremden ins Auto steigen?*
- *Wo soll ich hin, wenn ich vor einem Unbekannten weglaufe?*

Sorgen um die Sicherheit unserer Kinder gehören leider zu den Tatsachen des modernen Lebens. Allerdings können wir unserem Nachwuchs bestimmte Verhaltensregeln beibringen, mit deren Hilfe er sich der unwillkommenen Aufmerksamkeit Fremder erwehren kann. Wir Eltern können dann ruhiger schlafen.

Was steckt hinter dieser Frage?

Die Vorstellung, daß sich hinter der Freundlichkeit eines Fremden eine Gefahr verbergen kann, ist für Kinder mitunter verwirrend. Immerhin lernen sie ja von ihren Eltern, daß Freundlichkeit gut ist – und beziehen das zunächst einmal auf jede Art von Freundlichkeit. Tatsache ist, daß Sie Ihr Kind schon vor Fremden warnen müssen, bevor es alt genug ist, eigene Fragen zu stellen. Sie müssen ihm erklären, daß es Unbekannten nicht trauen darf. Selbst als meine Söhne schon auf die zwanzig zugingen, habe ich sie jedesmal, wenn sie in die Stadt fuhren, davor gewarnt, mit Unbekannten zu sprechen. Für ein Kind ist jeder Mensch attraktiv, der ihm Süßigkeiten oder Spielzeug schenken will oder ihm verspricht, mit ihm auf ein Stadtfest zu gehen. Geradezu gottgesandt erscheint ihm, wer ihm einen langweiligen Heimweg erspart. Die Fragen der Kinder zu diesem Thema verraten oft Verblüffung, erscheinen ihnen doch die Auskünfte über das Verhalten mancher Menschen nur allzu widersprüchlich.

Richtlinien für Ihre Antworten

Das Vertrauen in freundliche Erwachsene ist Kindern angeboren. Eine der härteren Lektionen des Lebens – daß nämlich manches gefährlicher ist, als es auf den ersten Blick erscheint – muß man ihnen daher beibringen. Dabei kommt es allerdings auf eine gewisse Ausgewogenheit an: Einerseits wollen Sie Ihr Kind schützen und darüber aufklären, wie es Gefahren vermeiden kann – andererseits wollen Sie nicht, daß es unfreundlich und mißtrauisch gegen jedermann wird. Ziel sollte es sein, Ihr Kind ohne Panikmache vor Unbekannten und deren Tricks zu warnen. Die Vorsicht sollte zur Routine werden, über die es nichts zu diskutieren gibt – ähnlich dem Verbot, in Steckdosen zu fassen oder mit scharfen Messern zu spielen.

Was Sie ausserdem wissen sollten

Kinder brauchen klare Anweisungen dafür, wie sie sich in bestimmten Situationen verhalten sollen. Listen Sie die wichtigsten Punkte auf wie Verhaltensvorschriften im Straßenverkehr und wiederholen Sie die Lektion, bis Ihr Kind sie auswendig kann. Rhythmisches und Gereimtes hilft dem Gedächtnis auf die Sprünge. Sorgen Sie dafür, daß Ihr Kind so früh wie möglich seinen vollen Namen, seine Anschrift und seine Telefonnummer aufsagen kann sowie die Nummer des Notrufs.

Achten Sie darauf, daß Sie immer wissen, wo Ihr Kind sich befindet. Das mag selbstverständlich klingen, aber es passiert nur allzu leicht, daß man sich vorübergehend auf etwas anderes konzentriert, sich dann umdreht und feststellt, daß das Kind nicht mehr zu sehen ist. Einem größeren Kind will man natürlich auch nicht jede Bewegungsfreiheit nehmen. Prägen Sie ihm von Anfang an ein, daß es nur zu Freunden gehen darf, die die Sicherheitslektion ebenfalls gelernt haben. Halten Sie Ihr Kind zu Eigenverantwortlichkeit an: Es muß immer wissen, wann es wieder zu Hause zu sein hat, und es muß zu Hause anrufen, wenn etwas dazwischengekommen ist.

Ermutigen Sie Ihr Kind zu einer gewissen Bestimmtheit, so daß es keine Angst hat, seine Meinung zu sagen. Spielen Sie einige Szenarien mit ihm durch, damit es genau weiß, was gegebenenfalls passieren kann.

Fragen, Fragen, Fragen ...

- ***Tun mir alle Fremden weh?***
- ***Was soll ich machen, wenn mich jemand anspricht?***
- ***Was soll ich machen, wenn mir jemand Bonbons schenkt?***
- ***Was soll ich machen, wenn mich jemand mitnehmen will?***

Siehe auch *Warum schreit ihn seine Mama an? S. 80* • *Was heißt Gewalt? S. 84*

2–4 JAHRE

Ich möchte nicht, daß du mit Leuten sprichst, die du nicht kennst. Wenn sie dir Süßigkeiten anbieten, kann das heißen, daß sie dich mir wegnehmen wollen. Steig niemals in ein fremdes Auto und geh nie mit Fremden spazieren, auch nicht mit Kindern, die du nicht kennst. Frag immer zuerst Mami und Papi.

4–6 JAHRE

Wenn du dich verläufst und von Fremden angesprochen wirst, gib keine Antwort. Schrei sie an oder geh in den nächsten Laden und sag dort: »Helft mir bitte, ich bin in Gefahr.« Dann bitte darum, daß du uns anrufen darfst.

6–8 JAHRE

Sprich niemals mit Unbekannten. Geh *nie* allein auf die Straße, auch wenn du nur einen kurzen Weg hast. Geh *nie* im Dunkeln auf die Straße, auch nicht mit Freunden. Laß auch deine Freundinnen nicht mit Fremden sprechen – und wenn eine es trotzdem tut und in ein Auto einsteigt, lauf sofort heim und sag uns Bescheid. Wenn dich deine Freunde alleinlassen, bleib wo du bist, auch wenn du den Heimweg kennst, und bitte jemanden, uns anzurufen, damit wir dich abholen können. Wenn du dich verirrt hast oder dich fürchtest, bitte eine Frau um Hilfe und gib ihr deinen Namen, deine Adresse und Telefonnummer oder sieh dich nach einem Polizisten um.

8–11 JAHRE

Es gibt kranke Menschen, denen es Spaß macht, Kindern wehzutun. Versuche, dich von unbekannten Erwachsenen fernzuhalten, denn sie sind stärker als du. Wenn du mit mehreren Freunden zusammen bist, ist die Gefahr viel geringer, doch wenn ihr im Dunkeln die Abkürzung durch den Park nehmt, können sie dir vielleicht auch nicht helfen. Such dir also immer breite, gut beleuchtete Straßen aus, geh mit entschlossen Schritten am Gehsteigrand, halte den Kopf hoch, schwing die Arme und trage einen Rucksack oder dergleichen bei dir. Wer so geht, wird nur selten von Unbekannten angesprochen. Wenn dich ein Unbekannter wirklich mal packt und mitnimmt, ruf deinen Freunden zu, sie sollen schnell Hilfe holen und uns benachrichtigen. Sei nie unhöflich zu Fremden und laß dich nicht auf Prügeleien ein. Wenn du dich verirrst, suche einen Polizisten oder sprich eine Frau auf der Straße an. Du kannst auch in einen Laden gehen und fragen, ob du das Telefon benutzen darfst. Wir bezahlen die Gebühren. Außerdem geben wir dir eine Telefonkarte.

F Muß ich mich küssen lassen?

• Muß ich mich auf seinen Schoß setzen? • Muß man jedes Geheimnis bewahren? • Haben Onkel / Opas immer recht? • Darf mich jemand da unten anfassen?

Die meisten Eltern verdrängen den Gedanken an einen möglichen sexuellen Mißbrauch ihres Kindes. Dennoch kommen solche Fälle immer wieder vor – und oft sind die Täter Menschen, die dem Kind nahestehen, nicht selten sogar Familienmitglieder. Mißbrauchte Kinder fühlen sich doppelt schuldig, ihre Fragen können daher verschlüsselte Hinweise enthalten.

Was steckt hinter dieser Frage?

Die oben aufgeführten Fragen sind typische Alarmzeichen für sexuellen Mißbrauch. Leider stammen die Täter oft aus dem engsten Umfeld des Kindes und schaffen es, ihr Treiben hinter einem emotionalen Nebel aus »besonderen Geheimnissen« und versteckten Drohungen zu verbergen. Ein Kind, das mißbraucht wird, spürt oft, daß etwas Gravierendes nicht stimmt, besonders, wenn von ihm verlangt wird, seinen Eltern etwas zu verheimlichen. Kinder, die aufs Schweigen eingeschworen worden sind, haben bisweilen große Angst davor, sich auszusprechen. Achten Sie also auf Fragen, die andeuten könnten, daß jemand sich die Naivität Ihres Kindes zunutze macht. Auch andere mögliche Signale ihres Kindes – plötzliche Zurückgezogenheit, Nahrungsverweigerung, Alpträume und Widerstand gegen den Besuch bei bestimmten Bekannten oder Verwandten – sollten beachtet werden.

Richtlinien für Ihre Antwort

Kinder müssen wissen, daß sie sich mit jedem Problem an Sie wenden können und von Ihnen auch ernstgenommen werden. Ich bekomme viele Briefe von mißbrauchten Kindern, die sich fürchten, ihre Eltern einzuweihen, weil sie denken, daß ihnen nicht geglaubt wird. Sie müssen sehr ruhig reagieren und bereit sein, den Faktoren, die Fragen ausgelöst haben, behutsam auf den Grund zu gehen. Machen Sie dem Kind klar, daß es Ihnen wirklich alles erzählen kann, selbst die größten Geheimnisse, und daß Sie es beschützen werden.

Was Sie sonst noch wissen sollten

Meist ist der Sexualtäter eine Person, die das Kind kennt und der es vertraut. Das kann ein Schock für Sie sein – und doch sollten Sie grundsätzlich die Aussagen des Kindes nicht als Phantasie abtun. Sie können sonst den Mißbrauch verlängern. Auch wenn Sie sagen, daß der Täter Unrecht getan hat, wird Ihr Kind ihm vielleicht Unannehmlichkeiten ersparen wollen und zögern, ihn zu verraten.

Alle mißbrauchten Kinder suchen die Schuld bei sich selbst. Machen Sie Ihrem Kind klar, daß davon keine Rede sein kann und daß ihm nichts passiert, wenn es die Wahrheit sagt. Nehmen Sie sich Zeit dafür. Stellt sich heraus, daß das Kind vom eigenen Vater mißbraucht wurde, muß die Mutter Hilfe suchen. Scham und Betroffenheit in solchen Fällen sind entsetzlich, aber die Hauptpflicht gilt dem Schutz des Kindes, nicht dem des Täters.

Fragen, Fragen, Fragen ...

- ***Muß ich bei ihm im Zimmer schlafen?***
- ***Muß ich alles tun, was Erwachsene mir sagen?***
- ***Muß ich älteren Jungen und Mädchen gehorchen?***
- ***Komme ich ins Gefängnis, wenn ich ein Geheimnis verrate?***

Siehe auch *Was ist Sex? S. 18 • Darf ich mit Fremden reden? S. 76*

2–6 JAHRE

Wenn du nicht willst, mußt du dich von niemandem küssen lassen. Und *niemand*, der älter ist als du, darf dich da unten anfassen. Du mußt mir das immer gleich erzählen. Deiner

Mami brauchst du nichts zu verschweigen, selbst wenn dir jemand sagt, daß dir sonst etwas Schlimmes passiert. Erzähl mir das immer sofort, dann sorge ich dafür, daß dir nichts passiert.

6–8 JAHRE

Die einzigen Menschen, denen du immer gehorchen sollst, sind Mami und Papi. Im Schulunterricht sollst du auch deinem Lehrer gehorchen, aber nicht, wenn er mit dir allein etwas tun will, das dir nicht gefällt. Auch wenn dir jemand sagt, du sollst ihn küssen oder anfassen, mußt du nicht gehorchen. Sag einfach: »Nein, das will ich nicht.« Wenn jemand dich bittet, ein Geheimnis zu bewahren, dann bedeutet das meistens, daß Mami nicht einverstanden wäre, wenn sie davon wüßte. Deshalb darf niemand von dir verlangen, mir etwas zu verschweigen. Ich darf alle deine Geheimnisse kennen, besonders solche, die dich unglücklich machen. Wer zu dir sagt, du kämest ins Gefängnis oder in die Hölle, wenn du ihn verrätst, ist sehr böse. Außerdem lügt er. Er sagt das nur, um dich einzuschüchtern. Hab keine Angst, Mami bringt das wieder in Ordnung. Niemand wird je erfahren, daß du mir etwas erzählt hast. Du kannst mir immer vertrauen.

8–11 JAHRE

Manche Erwachsenen haben Spaß daran, Kinder sexuell zu mißbrauchen, Mädchen ebenso wie Jungen. Diese Menschen sind böse oder krank, und das, was sie tun, ist sehr schlimm. Sie machen so etwas, weil sie stärker und älter sind als du, und manchmal verlangen sie auch von dir bestimmte Sachen. Wer dir gegen deinen Willen sexuell etwas antut, begeht ein Verbrechen, das man Vergewaltigung nennt. In den meisten Ländern ist Sex mit Jugendlichen unter sechzehn verboten. Wenn irgend jemand versucht, dich intim zu berühren oder von dir intim berührt werden will, sag ihm das, was ich dir eben erzählt habe. Niemand kann dich zu solchen Dingen zwingen, und du mußt dich auch zu nichts verpflichtet fühlen, etwa, weil man dir was geschenkt hat oder große Belohnungen verspricht. Wenn du das Gefühl hast, daß jemand dich sexuell belästigen will, sag mir sofort Bescheid. Ich werde dann darauf achten, daß du nie mit diesem Menschen allein bist. Nein, du mußt nicht mit deinem älteren Vetter im gleichen Bett schlafen, wenn du ihn besuchst. Du mußt auch nicht tun, was er dir sagt, nur, weil er älter ist als du. Ich werde seinen Eltern sagen, daß du nicht mehr zu ihm kommen kannst. Manchmal glauben Kinder, daß sie selbst an diesen scheußlichen Dingen schuld sind. Das ist grundfalsch – das Kind ist nie schuld, wenn Ältere mit so etwas anfangen.

F Warum schreit ihn seine Mama an?

- *Warum mußt du mich immer so anbrüllen?*
- *Darf man einen anderen Menschen schlagen?*
- *Warum hat Peter überall blaue Flecken?*

Jeder Mensch gerät ab und zu in Streß, und da kommt es schon mal vor, daß ein Kind angeschrien wird oder sogar eine Ohrfeige bekommt. Normalerweise haben die Eltern ein schlechtes Gewissen und entschuldigen sich. Alles, was über einen Klaps hinausgeht, ist Kindesmißhandlung. In diesen Fällen brauchen alle Betroffenen Hilfe.

Was steckt hinter dieser Frage?

Es gibt viele Arten von Kindesmißhandlung, darunter auch Formen seelischer Grausamkeit, die keine äußerlichen Narben hinterlassen. Die meisten Kinder glauben allerdings, das, was mit ihnen geschieht, sei normal – deshalb hängen selbst Kinder, die mißhandelt werden, an ihren Eltern. Sobald sich sein Horizont über das Elternhaus hinaus erweitert, kann das Kind Vergleiche ziehen und erkennen, daß seine Situation unerträglich ist. Viele Kinder haben Angst vor Erwachsenen, von denen sie mißhandelt werden, und denken sich Ausreden für ihre blauen Flecken aus: »Ich bin hingefallen.«, »Ich bin in eine Glastür gerannt.«. Sie denken – oft nicht ohne Berechtigung –, daß alles nur noch schlimmer wird, wenn sie preisgeben, was mit ihnen geschieht. Andere Kinder, denen körperliche Mißhandlungen auffallen, können darauf aufmerksam machen, vor allem, wenn sie erleben, daß ein Kind ohne ersichtlichen Grund gezüchtigt wird. Ein Kind, dessen Lehrer einen freundlichen Umgangston mit ihm pflegen, wird sich irgendwann fragen, warum es zu Hause ständig angebrüllt wird.

Richtlinien für Ihre Antwort

Ständige verbale Beleidigungen und Erniedrigungen können Kinder genauso brutalisieren wie Körperstrafen und Gewalt. Nirgends steht geschrieben, daß man Kinder so erziehen soll. Wenn Sie strikte Gewaltfreiheit praktizieren, wird Ihr Kind ganz automatisch begreifen, daß Sie von ihm das gleiche erwarten. Für Ausnahmesituationen braucht es allerdings besondere Verhaltensregeln. Fragt Sie Ihr Kind, warum Sie ständig auf ihm herumhacken oder ihm sogar wehtun, nehmen Sie es ernst und werfen Sie einen selbstkritischen Blick auf Ihr Verhalten. Sie werden es auch vor sich selbst rechtfertigen müssen.

Was Sie sonst noch wissen sollten

Aggressives Anbrüllen ist Kindesmißhandlung – genau wie Prügel. Wenn Sie ein Kind dauernd anschreien, wird es nie lernen, wie es in normalen Gesprächen reagieren soll. Wer sein Kind ständig herunterputzt, es auslacht und ihm mit Liebesentzug oder der Nichteinhaltung gegebener Versprechen droht, mißhandelt es seelisch und kann seinem Selbstwertgefühl schwere Dauerschäden zufügen. Bemühen Sie sich um Ausgeglichenheit.

Fragen, Fragen, Fragen ...

- *Was ist ein mißhandeltes Baby?*
- *Was soll ich tun, wenn ein Erwachsener mich schlägt?*
- *Warum lachst du immer über mich?*
- *Wie kann ich mißhandelten Kindern helfen?*

Siehe auch *Muß ich mich küssen lassen? S. 78 • Was ist ein Schulhoftyrann? S. 82 • Was heißt Gewalt? S. 84*

2–4 JAHRE

Kinder unter vier stellen diese Frage kaum, wenngleich Beschimpfungen oder Schläge sie sehr ängstigen können, selbst wenn sie nur Zeugen sind. Stellt ein Kleinkind diese Frage, orientieren Sie sich an den Antworten für Vier- bis Sechsjährige.

4–6 JAHRE

Ich weiß nicht, warum sie ihn anschreit, aber es macht ihn bestimmt traurig. Vielleicht hat ihre eigene Mutter sie früher auch angeschrien, und sie glaubt, daß alle Eltern das tun. Mir reißt manchmal der Geduldsfaden bei dir, wenn ich an zu vieles gleichzeitig denken muß, aber das ist keine Entschuldigung. Ich hab dich sehr lieb und möchte dich möglichst gar nicht anschreien. Erinnere mich daran, wenn es mir wieder passiert. Falls ich dich einmal schlagen sollte, erinnere mich wieder, denn das ist auch unrecht.

6–8 JAHRE

Es kommt vor, daß jemand einen anderen schlägt, weil er wütend ist oder Angst hat. Das ist immer unrecht. Kein Streit läßt sich durch eine Prügelei beilegen – am besten einigt man sich, indem man über die Sache spricht. Wenn der andere nicht reden will, sollte man weggehen. Jakob hat eine Menge blauer Flecken, nicht wahr? Die bekommt man, wenn man sich irgendwo anstößt. Es kann schon sein, daß er gestürzt ist, wie er sagt, aber wenn er überall welche hat, gibt es dafür womöglich einen anderen Grund. Sag es mir, wenn er wieder mit blauen Flecken in die Schule kommt, dann rede ich mit der Lehrerin.

8–11 JAHRE

Es tut mir leid, daß ich dir wehgetan habe. Ich hätte nicht über deine Zeichnung lachen sollen. Manchmal ist es schwer, nicht zurückzuschlagen, aber wenn dich ein anderer Junge schlägt, sag ihm, er soll aufhören, und daß du zurückschlägst, wenn er es noch einmal macht. Das wirkt bei den meisten. Schlag ihn selber aber nur, wenn er dich wieder angreift. Dann renn weg und sag mir, Papa oder deiner Lehrerin Bescheid. Niemand wird sonst davon erfahren, keine Angst. Sollte dich jedoch ein Erwachsener schlagen – auch wenn es ein guter Bekannter ist –, mußt du es mir sofort sagen; ich kümmere mich dann darum. Manche Erwachsenen bauen innerlich eine Wut auf, wenn sie Schwierigkeiten im Leben haben, und lassen sie dann an Kindern aus. Von Kindesmißhandlung spricht man, wenn Eltern ihr Baby sehr schlimm geschlagen haben. Oft lieben sie das Baby eigentlich, schaffen es aber nicht, sich ordentlich darum zu kümmern. Das ist immer unrecht. Manchmal wird das Baby zu Pflegeeltern gebracht, bis die Eltern Hilfe bekommen und man ihnen gezeigt hat, wie sie richtig für ihr Kind sorgen können.

F Was ist ein Schulhoftyrann?

- *Warum schlägt Moritz den Andreas dauernd?*
- *Warum nimmt er mir mein Pausengeld weg?*
- *Die gehen immer auf mich los. Kannst du nicht was dagegen tun?*

Das Tyrannisieren Schwächerer in den Schulen stellt ein besonders schwer faßbares Problem dar und kann in jeder Schule vorkommen. Aufmerksame Lehrer haben ein Interesse daran, solche Erscheinungen im Keim zu ersticken. Sollten die Fragen Ihres Kindes Hinweise auf Schikanen unter den Schülern bieten, benachrichtigen Sie sofort die Schulleitung.

Was steckt hinter dieser Frage?

Fragen über Schüler, die andere tyrannisieren, ergeben sich meist, weil Ihr Kind Entsprechendes beobachtet hat. Achten Sie dennoch auf Anzeichen dafür, daß Ihr Kind selbst drangsaliert wird. Daß unser Sohn erpreßt wurde, fanden wir nur heraus, weil er immer wieder um Geld bat – eine Gruppe von Stärkeren an der Schule drohte ihm mit Prügeln. Die meisten Kinder haben einen natürlichen Gerechtigkeitssinn und leiden auch, wenn Klassenkameraden schikaniert werden.

Richtlinien für Ihre Antworten

Schulhofschikanen müssen schnellsten unterbunden werden. Versuchen Sie, Ihr Kind von dieser Tatsache zu überzeugen.

Vor allem Jungen unterliegen dem albernen Ehrenkodex, daß man Klassentyrannen nicht verpetzt – sogar dann, wenn sie selbst deren Opfer sind. Machen Sie Ihren Kindern klar, daß dieser Kodex verkehrt ist und sie um Hilfe bitten müssen, wenn sie drangsaliert werden. Solange er unter neun war, empfahl ich meinem Sohn, beim erstenmal eine Warnung auszusprechen und beim zweitenmal zurückzuschlagen, aber bei mehreren Aggressoren funktioniert das nicht. Ihr Kind kann auch einen älteren Schüler um Beistand bitten. Sie sollten solche Vorkommnisse immer der Schule melden – auch wenn sie außerhalb des Schulgeländes stattfinden –, damit die entsprechenden Schüler zur Verantwortung gezogen werden. Diskretion zum Schutz Ihres Kindes ist dabei selbstverständlich. Auch Mädchen können andere schikanieren und tyrannisieren, zum Beispiel in Form von grausamen Flüsterkampagnen oder durch den Ausschluß aus der Clique. Über einen längeren Zeitraum hinweg kann das genauso verletzend wirken wie körperliche Gewalt.

Was Sie ausserdem wissen sollten

Kinder werden nicht als Tyrannen geboren, sondern lernen die Verhaltensmuster von Egoismus, Schikane und Unterdrückung oft zu Hause, sei es von übertrieben strengen und autoritären Eltern, sei es aufgrund zerrütteter Familienverhältnisse. Das Tyrannisieren anderer ist die kindliche Reaktion auf Schmerz, Unbehagen und fehlende Liebe. Sie kann zu einer ganzen Reihe von Verhaltensauffälligkeiten wie Stehlen, Lügen und Schuleschwänzen gehören. Diese Kinder brauchen, auch wenn ihre Schikanen unentschuldbar sind, Hilfe, damit sich ihre Verhaltensmuster ändern.

Fragen, Fragen, Fragen ...

- ***Warum boxt mich dieses Mädchen ständig?***
- ***Warum tyrannisieren manche Kinder andere?***
- ***Was soll ich tun, wenn es einer auf mich aufgesehen hat?***
- ***Schlägt er mich, wenn ich es der Lehrerin sage?***
- ***Wie kann ich diese Typen abhalten, ihn zu verprügeln?***

Siehe auch *Warum finde ich keine Freunde? S. 62* • *Warum muß ich in die Schule? S. 64*

2–4 JAHRE

Sag mir, wenn Nicki dir wieder wehtut, dann spreche ich mit deiner Lehrerin. Viele Leute bekommen Spitznamen; mich haben sie früher Dumbo genannt, weil ich ein bißchen dick war – aber das ist bloß ein dummer Spaß.

4–6 JAHRE

Niemand darf andere schlagen. Sag Peter deshalb, daß du es der Lehrerin erzählst, wenn er dich noch einmal schlägt. Du mußt es ihr und mir erzählen, weil Peter sonst vielleicht noch anderen wehtut. Er schlägt, weil er über irgend etwas unglücklich ist und Angst hat. Wenn wir es der Lehrerin sagen, können wir ihm vielleicht gemeinsam helfen, damit er sich wohler fühlt.

6–8 JAHRE

Du weißt, daß Mama und Papa Gewalt ablehnen – ich meine Boxen und Schlagen. Wer andere schikaniert, muß daran gehindert werden. Das nächstemal machst du Folgendes: Du warnst ihn und sagst, daß du zurückschlägst, wenn er wieder auf dich losgeht. Dann sagst du deinem Lehrer, was passiert ist, und mir auch. Wenn er dich wirklich wieder schlägt, gib ihm einen kräftigen Stoß und geh sofort zum Lehrer. Versuche nicht zurückzuschlagen, wenn es mehrere sind. Keine Angst, dein Lehrer weiß, wie man mit solchen Kindern umgeht. Ich verspreche dir, daß dir nichts passiert, wenn du uns Bescheid sagst.

8–11 JAHRE

Andere zu tyrannisieren ist immer unrecht, deshalb darf man es keinem durchgehen lassen. Es ist nie gut, auf anderen herumzuhacken. Vielleicht ist das Mädchen, das dich aufs Korn genommen hat, innerlich sehr unglücklich und schikaniert andere, um das zu überspielen. Zuerst aber müssen wir sie dazu bringen, damit aufzuhören. Dann kann vielleicht jemand herausfinden, warum sie das tut. Du solltest nicht versuchen, mehr als einmal zurückzuschlagen – das führt nur zu Raufereien und macht solchen Kindern noch extra Spaß. Das Beste ist, du sagst es deiner Lehrerin. Bitte eine Freundin, zur Unterstützung mitzugehen. Erzähl es aber unbedingt immer mir, denn ich werde auf keinen Fall zulassen, daß dich andere quälen. Gemeinsam mit den Lehrkräften werden wir dann einen Weg finden, wie wir, ohne dich bloßzustellen, den Schikanen ein Ende setzen.

F Was heißt Gewalt?

- *Warum sind manche Leute gewalttätig?*
- *Sind Fußballfans gewalttätig?* • *Was ist ein Straßenräuber?*
- *Ist es Gewalt, wenn manche Leute Fensterscheiben einwerfen?*

Kinder sind vielen Gewaltdarstellungen ausgesetzt und werden über Fernsehnachrichten und Zeitungsberichte ständig mit Gewalt konfrontiert. Ihre Reaktionen und Fragen spiegeln oft innere Verwirrung wider. Für Eltern ist es schwierig, die richtige Balance zwischen ihrem Bedürfnis, die Kinder vor Unheil zu bewahren, und den Realitäten von Krieg und Terrorismus zu finden.

Was steckt hinter dieser Frage?

Ab vier sind Kinder alt genug, um zu wissen, daß Gewaltanwendung – seelische wie körperliche – böse ist. Ihr Sinn für Fairneß erweckt das Bedürfnis nach Richtlinien, wie sie Gewalt als solche erkennen und darauf reagieren können. Es kann durchaus sein, daß sie sich unter dem Eindruck einer Ungerechtigkeit unüberlegt einmischen. Wie im Fall des Schulhoftyrannen (S. 82) besteht Ihre Aufgabe darin, dem Kind beizubringen, welche Reaktionen der Situation entsprechen und wann es sich zurückhalten muß, auch wenn sein innerer Impuls zu loben ist. Kinder werden auch durch die Bilder von der alltäglichen Gewalt auf der Straße, von Terroranschlägen und Kriegszerstörungen, die sie täglich in Zeitungen und Nachrichtensendungen sehen, verwirrt und verstört, zumal die Ursachen dafür im Dunkeln bleiben.

Richtlinien für Ihre Antworten

Wollen Sie Fragen zu diesem Thema ehrlich beantworten, müssen Sie fest davon überzeugt sein, daß Gewaltanwendung niemals zu rechtfertigen ist. Gewalttätige Erwachsene ziehen gewalttätige Kinder auf. Wir sollten dieses Vermächtnis nicht an die nächste Generation weitergeben. Natürlich müssen Sie Ihrem Kind um seiner eigenen Sicherheit willen beibringen, daß es gefährlich ist, sich bei gewalttätigen Auseinandersetzungen in der Öffentlichkeit einzumischen, und daß es das auf keinen Fall tun darf.

Was Sie ausserdem wissen sollten

Früher oder später wird Ihr Kind zwangsläufig mit Gewalt konfrontiert werden. So sehr ich Gewalt verabscheue, habe ich mich doch dazu entschlossen, meinen Kindern keinen uneingeschränkten Pazifismus zu predigen. Sie könnten in ernsthafte Schwierigkeiten geraten, würden sie sich im Vertrauen auf friedliche Konfliktlösungen ausschließlich auf die Einsicht und Intelligenz anderer verlassen. Ich brachte Ihnen daher bei, einmal zurückzuschlagen und dann wegzurennen, damit sie auch in unangenehmen Situationen das Gefühl hatten, nicht vollkommen ohne Einfluß zu sein.

Wenn Sie Ihr Kind unbeaufsichtigt fernsehen lassen, müssen Sie damit rechnen, daß es immer wieder mit Gewaltszenen konfrontiert wird

Fragen, Fragen, Fragen ...

- ***Ist ärgerlich / wütend das gleiche wie gewalttätig?***
- ***Kann Gewaltanwendung auch einmal richtig sein?***
- ***Warum legen manche Leute Bomben?***
- ***Ist es gewalttätig, wenn Leute demonstrieren?***
- ***Was soll ich tun, wenn jemand meinen Freund schlägt?***

Siehe auch *Warum ist meine Haut hell? S. 68* • *Warum schreit ihn seine Mama an? S. 80*

2–4 JAHRE

Kinder unter vier stellen diese Frage kaum, obwohl es vorkommt, daß sie gewalttätiges Verhalten beobachten und darüber erschrecken. Stellt ein aufgeweckter Dreieinhalbjähriger Fragen zur Gewalt, orientieren Sie sich mit Ihren Antworten an denen für Vier- bis Sechsjährige.

4–6 JAHRE

Gewalt heißt, einen Menschen zu verletzen oder ihm sehr weh zu tun, weil man sich nicht einigen oder nicht leiden kann. Man fühlt sich dann so wütend, daß man zuschlägt und versucht, dem anderen Schmerz zuzufügen. Das ist falsch. Wir können schon einmal böse auf jemanden sein, aber das gibt uns nie das Recht, ihn zu verletzen. In manchen Teilen der Welt legen Menschen Bomben, weil ihr Haß so groß ist. Töten ist die schlimmste Form von Gewalt; deshalb kommen Mörder ins Gefängnis.

6–8 JAHRE

Manche Menschen wenden Gewalt als Strafe an, um anderen das Gefühl zu geben, sie seien minderwertig. Wenn du jemand siehst, der gewalttätig ist, misch dich nicht selbst ein, sondern hole einen Erwachsenen. Es gibt Leute, die glauben, sie können Gewalt, die sie erlitten haben, nur durch neue Gewalt rächen. Das ist der Grund, warum sie Bomben hochgehen lassen – sie meinen, dies wäre der einzige Weg, ihr Ziel zu erreichen. Aber Gewaltanwendung ist immer falsch. Wenn Länder oder verschiedene Völker in einem Land sich gegenseitig bekämpfen, kann das zu Kriegen führen. Viele Politiker versuchen, Kriege zu verhindern, indem sie sich zusammensetzen und friedliche Lösungen für die Probleme suchen.

8–11 JAHRE

Menschen verschiedener Rasse und Religion hassen sich manchmal so sehr, daß sie einander verprügeln oder terrorisieren. Wenn eine Gruppe von Menschen eine andere verfolgt, nur weil diese eine andere Hautfarbe hat oder aus einem anderen Land stammt, nennt man das »rassistische Gewalt«. Das ist immer falsch, denn jeder hat das Recht, in Frieden zu leben, ohne Ansehen von Rasse, Religion oder Nationalität. Manchmal geraten auch Menschen mit verschiedenen Meinungen aneinander, zum Beispiel bei einem Fußballspiel oder bei einer Demonstration. Da kann es dann passieren, daß sie aus Wut Schlägereien anzetteln und Häuser beschädigen. Ein Straßenräuber ist einer, der Fußgänger auf der Straße überfällt und ihnen ihr Geld stiehlt. Wenn du so etwas siehst, misch dich auf keinen Fall ein. Wende dich an einen Erwachsenen, der die Polizei holen kann.

• *Was ist ein Schulhoftyrann? S. 82*

F Was ist Alkohol?

- *Warum ist Alkohol schlimm?* • *Warum darf ich kein Bier trinken?*
- *Was heißt »betrunken«?* • *Warum trinkt ihr Wein zum Essen?*
- *Was soll ich tun, wenn mich jemand zwingt, Alkohol zu trinken?*

Alkohol ist eine Droge und legal. Kein Wunder, daß das Thema für Kinder verwirrend ist. Alkohol am Steuer ist ein viel diskutiertes Problem, und größere Kinder werden auch im Fernsehen Szenen mit Betrunkenen sehen. Mit Fragen zum Thema Alkohol müssen Sie also rechnen. Möglich, daß Sie auch über Ihre eigene Einstellung zum Alkohol nachdenken und Ihre Konsequenz im Umgang damit überprüfen müssen.

Was steckt hinter dieser Frage?

Für kleine Kinder ist die Attraktivität alkoholischer Getränke eine Art Rätsel, da sie den Geschmack in der Regel als unangenehm empfinden. Ältere Kinder fragen, weil es sie interessiert, warum Erwachsene manches dürfen, was ihnen selbst untersagt ist. Sie empfinden das zu Recht als Doppelmoral. Sie, die Eltern, müssen eine klar umrissene Meinung zu diesem Thema haben und sich Ihre Antworten genau überlegen. Sie sollten auch darauf gefaßt sein, daß Ihr Kind vielleicht jemanden kennt, der unter dem Alkoholmißbrauch eines Angehörigen leidet. Achten Sie darauf und seien Sie gegebenenfalls bereit, diskrete Hilfsmaßnahmen einzuleiten.

Richtlinien für Ihre Antworten

Alkohol ist ein Gift, aber nicht illegal. Kindern dies klarzumachen, wenn sie gleichzeitig so viele trinkende Erwachsene sehen, ist schwer. Sie sollten aber erwähnen, daß ein Mensch, der zu viel Alkohol in zu kurzer Zeit trinkt – zum Beispiel eine halbe Flasche Whisky innerhalb von zwei Stunden – ohne weiteres daran sterben kann. Das Ziel besteht darin, daß Ihr Kind vernünftig und maßvoll mit Alkohol umgehen lernt und später, wenn es einmal alt genug ist, persönliche Verantwortung übernehmen kann. Die meisten Eltern kennen die Statistiken über den zunehmenden Alkoholmißbrauch unter Jugendlichen und geraten in Versuchung, mit Strenge darauf zu reagieren. Ich glaube nicht, daß das Erfolg hat. Autoritäre Methoden führen in fast allen Fragen der Disziplin zu negativen Ergebnissen. Ist Ihr Kind acht oder neun Jahre alt, können Sie ihm bereits grundlegende Informationen über die schädlichen Auswirkungen des Alkoholgenusses vermitteln. Kinder sind in diesem Alter sehr empfänglich für Fragen der Gesundheitsfürsorge und nehmen ruhige Erklärungen und sachliche Argumente gut an.

Was Sie ausserdem wissen sollten

Ich glaube, Verbotenes wird erst dadurch interessant für Kinder, daß es verboten ist. Süßigkeiten waren aus unserem Haushalt daher so wenig verbannt wie Fernsehen oder Alkohol – aber alles war rationiert. Manche alkoholischen Getränke schmecken sogar schon Kleinkindern, doch ist das kein Grund, sie ihnen auch zu geben. Wenn Erwachsene Wein zum Essen trinken, würde ich jedes Kind, das den Wunsch äußert, davon probieren lassen. Bis zum Alter von zehn schmeckt er den meisten nicht, und sie spucken ihn wieder aus. Später trinken manche Kinder gern ein bißchen Wein mit viel Wasser, und ab zwölf oder dreizehn auch mal ein halbes Glas pur. Seien Sie Ihren Kindern ein gutes Vorbild. Von Anfang an sollten Sie Ihnen beibringen, daß Alkohol nie auf leeren Magen, sondern nur zu den Mahlzeiten in Gesellschaft anderer und mit Wasser verdünnt getrunken werden darf.

In geringen Mengen ist Alkohol nicht ungesund. Einige Wissenschaftler sind der Meinung, daß er sogar lebensverlängernd wirkt. Behalten Sie diese langfristige Perspektive im Auge, während Sie Ihre Kinder zum maßvollen Umgang mit Alkohol anhalten.

Fragen, Fragen, Fragen ...

- ***Woran merkt man, daß jemand betrunken ist?***
- ***Wie wird man betrunken?***
- ***Welche Getränke sind am stärksten?***
- ***Warum darf man als Autofahrer nicht trinken?***

Siehe auch *Warum ist Rauchen ungesund? S. 88* • *Was sind Drogen? S. 90*

2–4 JAHRE

Kinder unter vier stellen wahrscheinlich keine Fragen zu diesem Thema. Sie werden aber vielleicht neugierig, wenn Sie selbst Alkohol trinken, und wollen dann etwas darüber erfahren. Orientieren Sie sich bei Kleinkindern an den Antworten für die Vier- bis Sechsjährigen.

4–6 JAHRE

Alkohol ist in Getränken wie Wein und Bier enthalten, oder in Whisky und Gin, die viel stärker sind. Wenn man so etwas trinkt, ist das sehr entspannend. Da Alkohol aber giftig ist, macht zu viel davon betrunken. Man verliert die Kontrolle über sich selbst, es wird einem schlecht und man kriegt Kopfweh. Aber ein bißchen Wein oder Bier zum Essen ist für Erwachsene nicht schädlich.

6–8 JAHRE

Wenn man sehr viel Alkohol trinkt, kann man süchtig werden, genau wie bei Drogen oder Zigaretten. Zu viel Alkohol ist schlecht, weil er die Leber vergiftet, und wenn die nicht mehr arbeitet, stirbt man. Wer Alkohol trinkt, kann auch nicht mehr sicher Auto fahren, obwohl es einige Menschen gibt, die sich das einbilden. Betrunkene verursachen oft Verkehrsunfälle. Nein, ich war noch nie richtig betrunken. Weil es viel sicherer und bekömmlicher ist, dazu etwas zu essen, trinken wir Wein zum Abendbrot. Abends, zu Hause, ist ein Gläschen Wein entspannend.

8–11 JAHRE

An Alkohol kann man sterben, wenn man zu viel davon trinkt. Er vergiftet dann das Gehirn, man fällt in tiefe Bewußtlosigkeit, und irgendwann hört das Herz zu schlagen auf. Jedes Jahr sterben ein paar Jugendliche, weil sie zu viel getrunken haben. Sag einfach »nein«, wenn dir jemand Alkohol anbietet, denn Trinken ist besonders ungesund, solange der Körper noch wächst. Deshalb ist es Jugendlichen unter achtzehn Jahren auch gesetzlich verboten, Alkohol zu kaufen. Wenn du ein bißchen älter bist, kannst du zu Hause mal etwas Wein zum Essen versuchen, wenn wir auch welchen trinken. Aber du solltest immer etwas dazu essen und viel Wasser dazu und danach trinken. Das hilft dem Körper, den Alkohol wieder auszuscheiden, und du leidest nicht unter Nachwirkungen.

F Warum ist Rauchen ungesund?

- *Warum rauchen die Leute?* • *Warum rauchst du?*
- *Warum raucht Opa Pfeife?* • *Wie ist das, wenn man raucht?*
- *Warum hörst du nicht mit dem Rauchen auf?*

Zwar gibt es heute weniger Raucher als früher, und vielerorts ist das Rauchen mittlerweile verboten – dennoch kommen Kinder in Kontakt mit Rauchern, und die Anzahl jugendlicher Raucher ist im Steigen. Kindern wird frühzeitig beigebracht, daß Tabak eine zwar legale, aber ungesunde Droge ist. Sie werden mit Sicherheit Fragen darüber stellen, besonders wenn Vater, Mutter oder beide selber rauchen.

Was steckt hinter dieser Frage?

Die Anti-Raucher-Lobby ist inzwischen gut organisiert, Ihr Kind wird daher vom frühesten Alter an mitbekommen, daß Rauchen schädlich ist. Es wird außerdem feststellen, daß trotzdem weitergeraucht wird. Wenn ein Familienmitglied ebenfalls raucht, wird Ihr Kind bald seiner Verwunderung über die einander widersprechenden Signale Luft machen.

Richtlinien für Ihre Antworten

Auch als Raucher sind Sie Ihrem Kind eine Erklärung über die gesundheitlichen Gefahren des Rauchens schuldig, sowohl im Hinblick auf Sie selbst als auch auf die anderen, die Ihren Qualm als »Passivraucher« einatmen. Sie sollten versuchen, dem Kind klarzumachen, daß es – anders als beim Alkohol – besser ist, mit dem Rauchen gar nicht erst anzufangen, und sei der Druck aus dem Freundeskreis noch so groß. Betonen Sie, wie schwer es ist, das Rauchen aufzugeben, sobald man einmal abhängig ist. Bei Kindern unter zehn ist es noch nicht wahrscheinlich, daß sie zum Rauchen gedrängt werden. Dennoch sollten Sie auf den starken Druck vorbereitet sein, der in der »Clique« auf sie ausgeübt wird, wenn sie einmal Teenager sind. Leider belegen Statistiken, daß der Zigarettenkonsum bei Jugendlichen stetig steigt, vor allem unter Mädchen.

Was Sie ausserdem wissen sollten

Zigaretten sind, ebenso wie Alkohol, legale Drogen, die abhängig machen. In einigen Ländern ist es jedoch verboten, Zigaretten an Jugendliche unter sechzehn zu verkaufen. Als ich Jugendlichen erklärte, daß Rauchen an den Schulen verboten werden sollte, wurde mir entgegnet, das wäre eine Verletzung des Menschenrechts auf freie Entscheidung. Das ist die Propaganda der Tabakindustrie, der man mit einem Argument begegnen kann, das auch andere Gesetze zur Aufrechterhaltung der öffentlichen Sicherheit, wie zum Beispiel Geschwindigkeitsbegrenzungen, stützt: Daß nämlich Rechte auch Pflichten enthalten und daß das Recht aller auf Sicherheit und Gesundheit Vorrang vor den Rechten des einzelnen hat. 1989 zeigte eine Untersuchung von 10 000 Jugendlichen im Alter von neun bis fünfzehn, daß die Einstellung der Eltern große Bedeutung hat: Bei Kindern von Nichtrauchern ist die Wahrscheinlichkeit, daß sie selbst rauchen, deutlich geringer. Bei einer Umfrage 1993 unter Jugendlichen von elf bis sechzehn Jahren gaben 85 % der Jungen und 83 % der Mädchen im Alter von elf Jahren an, daß sie nicht rauchten und es auch in Zukunft nie tun möchten.

Fragen, Fragen, Fragen ...

- *Was soll ich tun, wenn mir jemand eine Zigarette aufdrängt?*
- *Warum rauchen so viele Menschen, wenn es so ungesund ist?*
- *Warum darf ich keine Zigaretten kaufen?*
- *Warum hat Tante Marie wieder angefangen zu rauchen?*

Siehe auch *Was passiert, wenn man stirbt? S. 40* • *Warum sterben manche Babys? S. 42*

Kinder unter vier stellen selten Fragen über das Rauchen, könnten aber neugierig werden, wenn sie jemanden rauchen sehen. Spricht ein aufgeweckter Dreieinhalbjähriger das Thema an, orientieren Sie sich mit Ihren Antworten an jenen für die Vier- bis Sechsjährigen.

2–4 JAHRE

Rauchen ist ungesund. Es schädigt Herz und Lunge und die Leute um dich herum. Rauchern fällt es sehr schwer, wieder aufzuhören. Am besten fängt man erst gar nicht damit an.

4–6 JAHRE

Wenn die Leute rauchen, gelangt Teer aus dem Rauch in ihre Lungen; sie bekommen dann Schwierigkeiten mit der Atmung. Da es lange dauern kann, bis es soweit ist, meinen manche Raucher, ihnen wird das nie passieren. Aber wir wissen, daß Rauchen Lungenkrebs und Herzinfarkte verursacht. Ich habe früher geraucht, aber jetzt rauche ich nicht mehr. Ich habe aufgehört, als du in meinem Bauch warst. Es ist schädlich für Babys und Kinder, wenn ihre Eltern rauchen.

6–8 JAHRE

Rauchen ist niemals und für niemanden gesund. Es schädigt die Lunge, weil sie allmählich verstopft, und es verursacht Lungenkrankheiten, darunter auch Krebs. Rauchen führt auch zum Herzinfarkt, weil es die Venen und Arterien verengt. Weil es so ungesund ist, dürfen in vielen Ländern Kinder unter sechzehn Jahren keine Zigaretten kaufen. Am besten fängst du gar nicht erst an zu rauchen, denn du wirst süchtig davon. Das bedeutet, daß sich dein Körper an die Droge im Tabak, das Nikotin, gewöhnt; du hast dann ständig das Bedürfnis danach, deshalb ist es so schwer, wieder aufzuhören. Zum Glück schaffen es manche Menschen trotzdem, weil sie wissen, daß ihnen das Rauchen schadet. Ebenso schädlich ist es, wenn man den Tabakrauch von anderen einatmet – man nennt das »passiv rauchen«. Jugendliche rauchen, weil sie sich dann erwachsen vorkommen, aber es ist sehr ungesund. Es ist weder »cool« noch ein Zeichen von Erwachsensein, wenn man sich selbst krank macht. Wenn deine Freunde rauchen, sag einfach „Nein, danke, nicht für mich«, und geh weg. Mach dir nichts draus, wenn sie dich necken oder einen Feigling nennen – sag einfach, daß sie selbst die Dummen sind, weil sie auf dem besten Weg sind, sich selbst krank zu machen, und dann geh weg und beschäftige dich mit etwas anderem. Denk daran, daß ihr Atem und ihre Kleider nach Rauch stinken und daß die Zähne und Finger von Rauchern gelb verfärben.

8–11 JAHRE

• *Was ist Alkohol? S. 86* • *Was sind Drogen? S. 90*

F Was sind Drogen?

- *Was passiert, wenn man Klebstoff schnüffelt?* • *Was ist »Gras«?*
- *Warum sterben Menschen an Ecstasy?* • *Was bedeutet »drücken«?*
- *Wie sage ich nein, wenn mir jemand Drogen anbietet?*

Alle Eltern machen sich Sorgen darüber, ob ihre Kinder Drogen ausprobieren, aber nur wenige halten es für möglich, daß schon Kinder unter zehn betroffen sind. Doch selbst in dieser Altersgruppe können Drogen schon ein Thema sein. Sie tun Ihrem Kind daher keinen Gefallen, wenn Sie seinen Fragen zur Drogenproblematik ausweichen. Eine direkte und zutreffende Beantwortung ist das beste Rüstzeug für die Zukunft.

Was steckt hinter dieser Frage?

Ob es uns paßt oder nicht – Drogen gehören heutzutage schon zum Schulalltag. Die meisten Jugendlichen sehen im Drogenkonsum etwas Aufregendes und Verführerisches, und der Gruppendruck unter Gleichaltrigen ist groß. Zwar werden Kinder gewöhnlich erst mit zwölf oder dreizehn mit Drogen konfrontiert, doch gibt es Hinweise darauf, daß schon Neun- und Zehnjährige Drogen nehmen und damit handeln. Diese Fälle mögen noch rar gesät sein, aber es ist durchaus möglich, daß Ihr Kind schon früh Gespräche über Drogen mitbekommt. Obwohl es seine Fragen also vielleicht aus Interesse stellt, ist es auch denkbar, daß es Hilfe braucht. Sie können stolz darauf sein, daß Ihr Kind Sie um Rat fragt. Versuchen Sie herauszufinden, wie verbreitet Drogen an der Schule sind, und setzen Sie sich diskret mit der Schulleitung in Verbindung.

Richtlinien für Ihre Antworten

Versuchen Sie, Ihr Kind auf die Begegnung mit Drogen vorzubereiten, indem Sie ihm genaue Ratschläge geben, wie es ihnen in Wort und Tat widerstehen kann. Fangen Sie frühzeitig genug an, damit es nicht unvorbereitet in kritische Situationen gerät. Ihre Auskünfte sollten ehrlich, aber nicht drastisch sein, so daß das Kind zwar ein realistisches Bild von Drogen und ihren Gefahren bekommt, aber nicht unnötig verschreckt wird. Das beste Mittel gegen den Griff zur harten Droge ist ein gesundes Selbstwertgefühl. Tragen Sie dazu bei, daß Ihr Kind mit sich und seinem Leben zufrieden ist, und sagen Sie ihm, daß Sie es lieben und zu ihm stehen.

Was Sie ausserdem wissen sollten

Marihuana macht nicht süchtig. Pur konsumiert, verursacht es wahrscheinlich weniger Schäden als Zigaretten, aber viele rauchen es mit Tabak vermischt, und es gibt deutliche Hinweise, daß starker Marihuanakonsum zu Gedächtnisverlusten führen kann. Der Konsum von Marihuana führt nicht automatisch zu härteren Drogen, deshalb ist übertriebene Aufregung unangebracht. Dennoch ist es eine illegale Droge. Bestimmte Voraussetzungen machen Kinder besonders anfällig für harte Drogen: geringes Selbstwertgefühl, zu wenig Beachtung, Mangel an Zuneigung, übertriebene Disziplin und Leistungserwartung. Moderne Drogen wie Ecstasy sind deshalb so gefährlich, weil ihre Wirkung unvorhersehbar ist. Ihr zehnjähriges Kind können Sie davon überzeugen, daß der Konsum unter Umständen lebensgefährlich ist, doch erfordert die Aufrechterhaltung der Angst während der Teenagerjahre, in denen das Kind ständig mit diesen Drogen konfrontiert wird, sehr viel Fingerspitzengefühl. Das Schnüffeln von Lösungsmitteln ist ein Problem, das schon bei kleinen Kindern auftreten kann. Sie sollten Verdacht schöpfen, wenn Sie unter den Habseligkeiten Ihres Kindes Klebstoff, Feuerzeugbenzin oder Korrekturflüssigkeit finden oder es selbst danach riecht. Lösemittelmißbrauch kann zum plötzlichen Tod führen. Wenn Sie Anlaß zu der Vermutung haben, daß Ihr Kind geschnüffelt hat, rufen Sie den Arzt.

Fragen, Fragen, Fragen ...

- ***Ist Marihuana ungesund?***
- ***Kann man an LSD sterben?***
- ***Was bedeutet Sucht / Abhängigkeit?***
- ***Wie stirbt man, wenn man Heroin spritzt?***

Siehe auch *Was passiert, wenn man stirbt? S. 40* • *Warum ist Rauchen ungesund? S. 88* • *Was ist Aids? S. 92*

Es ist unwahrscheinlich, daß Ihnen Kinder unter sechs Fragen über Drogen stellen, es sei denn, sie schnappen den Begriff irgendwo auf. Wenn ein aufgewecktes Kind zwischen vier und sechs nachfragt, orientieren Sie sich bei Ihrer Antwort an jener für Sechs- bis Achtjährige.

2–6 JAHRE

Drogen sind chemische Stoffe, die dein Gehirn beeinflussen. Harte Drogen sind Kokain und Heroin sowie Crack – das ist Kokain zum Rauchen. Sie machen süchtig, das heißt, du wirst davon abhängig und mußt sie immer wieder nehmen. Es ist dann sehr schwierig, damit aufzuhören. Du hast keinen Appetit mehr und wirst sehr dünn und krank. Nach einiger Zeit kann man an harten Drogen sterben, weil sie giftig sind. Sie können Koma und Atemstillstand verursachen. Weiche Drogen wie Ecstasy, Marihuana, LSD und drogenhaltige Pilze machen nicht abhängig, können aber, abgesehen von Marihuana, trotzdem sehr gefährlich sein, weil sie in verschiedenster Weise auf den Körper wirken. Niemand weiß vorher genau, wie er auf diese oder jene Droge reagiert. Schon die erste Tablette kann tödlich sein oder dich so krank machen, daß du nie mehr richtig gesund wirst. Es ist besser, dies nie auszuprobieren. Es gab Kinder, die beim erstenmal, als sie Klebstoff oder Reinigungsmittel schnüffelten, gestorben sind. Diese Drogen können wie ein fürchterlicher Alptraum sein, der nie mehr verschwindet – man nennt das einen Horrortrip. Es gibt Menschen, die sich nie wieder davon erholen.

6–8 JAHRE

»Gras« ist Marihuana. Haschisch wird aus der gleichen Pflanze gewonnen. Es gibt viele Namen für diese Droge, wie Shit, Dope, ein Joint, Hasch usw. Marihuana wird meist geraucht wie eine Zigarette, was man auch kiffen nennt. Leute, die hin und wieder Marihuana rauchen, steigen gewöhnlich nicht auf härtere Drogen um. Solange man es nur hin und wieder raucht, richtet es nicht viel Unheil an. Es kann allerdings die Lungen schädigen, außerdem kann es dein Gedächtnis beeinträchtigen. Die Leute rauchen Marihuana, weil sie sich danach glücklich fühlen. Es ist jedoch gesetzlich verboten. Wenn du älter bist und in die Disco gehst, wird man dir vielleicht Pillen wie Ecstasy anbieten. Die sind sehr gefährlich, weil du nicht einschätzen kannst, wie sie auf dich wirken. Am besten sagst du dann einfach »Nein, danke« und gehst weg. Sag, du brauchst keine Hilfe, um Spaß zu haben. Harte Drogen nehmen Leute, die sich unglücklich oder einsam fühlen oder die meinen, daß niemand sie mag. Aber du weißt, daß wir dich für einen tollen Menschen halten, und so solltest du dich selbst auch immer sehen.

8–11 JAHRE

F Was ist Aids?

● *Was bedeutet HIV?* ● *Wie bekommt man Aids?* ● *Tut Aids weh?*

● *Kann jeder Aids bekommen?* ● *Ist Aids eine schlimme Krankheit?*

● *Bekommen Kinder Aids?* ● *Müssen alle Leute mit Aids sterben?*

Informationen über Aids sind unverzichtbare Bestandteile des Sexualkundeunterrichts für alle Kinder. Die Situation hat sich seit der Zeit, als »Safer Sex« nur Schwangerschaften verhüten sollte, grundlegend geändert. Heute ist es buchstäblich eine Frage von Leben und Tod, daß Kinder ehrliche Antworten über Aids erhalten.

Was steckt hinter dieser Frage?

Über Aids wird fast immer im Flüsterton gesprochen, Ihr Kind wird also schon wissen, daß Aids etwas Schreckliches ist, und hat vielleicht Angst davor. Einerseits möchte es die Wahrheit erfahren, andererseits will es beruhigt werden. Manche Kinder wollen auch wissen, worin sich HIV und Aids unterscheiden.

Richtlinien für Ihre Antworten

Geben Sie nicht den Homosexuellen oder Bisexuellen die Schuld, und verleiten Sie Ihr Kind nicht zu der irrigen Ansicht, nur Schwule bekämen Aids. In jüngerer Zeit häufen sich die Infektionen nach heterosexuellen Kontakten, auch wenn die meisten HIV-Positiven in den USA, Europa und Australien tatsächlich homosexuelle Männer sind. In Afrika und Asien ist Aids im wesentlichen ein heterosexuelles Problem. Sie werden den Unterschied zwischen »HIV-positiv« und dem Vollbild der Krankheit Aids erklären müssen. Sie werden wissen müssen, wie das Virus sich verhält und auf welche Weise es zum Tod führt. Die Informationen hier werden Ihnen dabei helfen, aber es kann nur von Vorteil sein, wenn Sie sich ausführlicher informieren. HIV ist zwar ein Virus, wird aber nicht so leicht übertragen wie eine Grippe. Es ist sogar ziemlich schwierig, sich mit Aids anzustecken – nur eine »pathologische«, das heißt krankheitserregende Dosis im Sperma, im Blut und eventuell in der Scheidenflüssigkeit führt zur Ansteckung eines anderen Menschen. Betonen Sie, wie wichtig es ist, beim Geschlechtsverkehr stets ein Kondom zu verwenden. Erklären Sie, daß Frauen ein Recht darauf haben, daß der Mann ein Kondom überzieht – ohne Schutz kein Sex! Erklären Sie Ihrem Kind, daß die Aidsgefahr sehr ernst genommen werden muß, daß aber kein Anlaß besteht, den normalen Umgang mit HIV-Positiven zu vermeiden.

Was Sie ausserdem wissen sollten

Aids ist die Abkürzung für »Acquired Immune Deficiency Syndrome« (Erworbenes Immundefekt-Syndrom); HIV steht für »Human Immunodeficiency Virus« (Menschliches Immundefizienz-Virus). Hat ein Mensch genügend Viren im Körper, bilden sich Antikörper, die beim Aidstest gefunden werden. Verläuft der Test auf Antikörper »positiv«, nennt man den Betroffenen »HIV-positiv«. Wissenschaftler sind der Ansicht, daß die Ansteckung mit HIV letztlich zum Zusammenbruch des körpereigenen Immunsystems führt. Der Körper ist nicht mehr in der Lage, Infektionen abzuwehren, was irgendwann den Tod zur Folge hat. Eine zuverlässige Behandlungsmethode gibt es bisher nicht.

Frauen stecken sich fast immer beim Sex mit HIV-infizierten Männern an

Fragen, Fragen, Fragen ...

- *Kann man vom Küssen Aids bekommen?*
- *Kann man vom Händeschütteln Aids bekommen?*
- *Kann man sehen, ob jemand Aids hat?*
- *Kann man sich auf der Toilette mit Aids anstecken?*

Siehe auch *Was ist Sex? S. 18* ● *»Der ist schwul!« – Was heißt das? S. 36* ● *Was passiert, wenn man stirbt? S. 40*

2–6 JAHRE

Kinder unter sechs stellen diese Frage wahrscheinlich nicht. Sollte die Rede dennoch darauf kommen, sagen Sie einfach: »Aids ist eine sehr schlimme Krankheit, an deren Folgen man sterben kann. Du wirst aber erst sterben, wenn du sehr alt geworden bist.«

6–8 JAHRE

Aids ist eine sehr schlimme Krankheit. Sie wird von einem Virus hervorgerufen, der HIV heißt. Das ist eine englische Abkürzung für Abwehrschwäche-Virus. Ob jemand das Virus hat, kann er durch einen Bluttest prüfen lassen. Fällt der Test »positiv« aus, nennt man die Person »HIV-positiv«. Das Virus ist vor allem im Blut oder bei Männern auch in der Samenflüssigkeit, es ist also ziemlich schwer, sich damit anzustecken. Die meisten Ansteckungen ergeben sich, wenn der Samen mit dem Virus in einen anderen Körper kommt, wenn Drogenabhängige gemeinsam Spritzen benutzen oder wenn man eine verunreinigte Bluttransfusion erhält. In den meisten Ländern kann man von Blutübertragungen aber kein Aids mehr bekommen, weil alles Blut vorher auf das Virus untersucht wird. Jeder kann Aids kriegen, aber die meisten bekommen es nicht, weil sie gut aufpassen. Kinder bekommen fast nie Aids; so etwas passiert nur, wenn ihre Mutter während der Schwangerschaft HIV-positiv war. Außerhalb von Afrika und Asien sterben ganz wenige Kinder an Aids. Wenn jemand das Virus in sich hat, hat er noch nicht gleich richtig Aids, aber bisher entwickelt jeder Erwachsene, der HIV-positiv ist, irgendwann die volle Krankheit.

8–11 JAHRE

Mit HIV kann man sich nur über Blut oder Samenflüssigkeit anstecken. Auf der Toilette, im Schwimmbad, beim Küssen und beim Händeschütteln passiert nichts. Du darfst also HIV-Positive und Aidskranke küssen und umarmen. Menschen, die Aids haben, brauchen sogar besonders viel Liebe und Zuneigung, weil es ihnen sehr schlecht geht und sie eines Tages an dem Virus sterben werden. HIV zerstört das Abwehrsystem, mit dem der Körper Krankheiten bekämpft. Dann ist der Körper allen Krankheitserregern hilflos ausgeliefert. Aids ist eigentlich der Name einer ganzen Reihe von Symptomen und Krankheiten, die ein mit HIV infizierter Mensch mit der Zeit bekommt. HIV wird normalerweise beim Sex übertragen, weil im Sperma mehr Viren enthalten sind als anderswo. Männer können das Virus auf Frauen oder andere Männer übertragen. Lesben, die nie Verkehr mit Männern hatten, bekommen gewöhnlich kein Aids. Auch unter Drogenabhängigen, die gemeinsame Spritzen benutzen, wird HIV übertragen. Wenn zwei Menschen miteinander schlafen, sollte der Mann immer ein Kondom verwenden, weil dann der HIV-positive Samen nicht in der Lage ist, das Virus auf die Partnerin zu übertragen. Zu »Safer Sex« gehört, daß man weder sich noch den Partner dem Risiko einer Ansteckung aussetzt.

Register

H

I

K

L

M

N O

P

R

Danksagung

Der Verlag Dorling Kindersley bedankt sich bei

Annette O'Sullivan für Hilfe beim Design; Sarah Ashun für Hilfe beim Fotografieren; Wendy Holmes fürs Make-up; Daisy Hayden für Recherchen; Elaine Harries fürs Lektorat; Hilary Bird für das Register

und bei folgenden Kindern fürs Modellstehen:
Ellie Blancke (2), Chrystell Brett (7), Stephanie Brett (4), Cassie Clarke (10), Daniel Clarke (7), William Duffus (8), Holly Durkin (5), Lauren Fernandez (4), Emily Gorton (6), Kashi Gorton (9), Shanti Gorton (4), Ethne Grey-Still (4), Thomas Greene (7), Thomas Holme (3), Megan Lacock (3), Claire Leonard (9), Lydia Leonard (9), Megan Leonard (6), Mitchell Leonard (3), Daniel Lord (4), Maija Marsh (7), Hayley Miles (2), Farid Mohamed (4), George Shellabear (4), Miriam Shellabear (2), Rebecca Shilling (10), Matthew Smith (10), Amy Walton (5), Calam West (9), Kera West (7).